優渥叢書

優渥叢書

如何從美股賺一億

投資美股、基金、期權一本搞定！

【暢銷限定版】

紐約理工學院計算機系終身教授暨前系主任

吳曉明◎著

05 搭配K線選好股，讓績效倍增 173

讓複利陪伴荷包成長

　　不管時代怎麼變遷，賺錢從來都不是一件容易的事，所以我們希望透過投資累積財富。許多投資人汲汲營營於研究基本面、技術面和各種交易策略，緊追著錢跑，既勞心又勞力。本書作者告訴你，人人都應該當個有智慧的投資人，只有讓錢追著自己跑，才能真正享受人生。

　　該怎麼做？就利用「複利」的力量吧。**透過本金、利率和時間的加乘，財富累積的速度會超乎你的想像。**美國一位百歲老婦人葛莉絲・葛洛納（Grace Groner），就見證了複利帶來的驚人力量。

　　葛莉絲原本是亞培藥廠的祕書，1935年她以180美元，認購了3股60美元的亞培股票。接下來的75年，每當她領到現金股息後，就將股息再投入買股，只買進而不賣出，以此循環著。一直到去世時，原本認購的3股，已經成長至12萬9,000股，而當初的投資本金180美元，也已經累積至700萬美元。錢滾錢的模式就如同滾雪球一樣，愈滾愈大。

　　本書教給讀者的「渦輪式循環複利法」和「盈利再分配法」，就是這個概念。**保留本金，用投資所得的股息再投**

資，就算有所虧損，也能有效控管風險。若將再投資的目標集中於高殖利率的標的上，則可加速獲利速度。長久累積下來，小錢自然能變大錢。

作者以移居美國30餘年的經驗，和讀者分享投資美股的獨特性和優越性，並且透過複利效應，快速建立自己的「聚寶盆」，讓每個人都能達到財務獨立的目標。別再猶豫不決，或傻傻分不清投資和投機的區別，跟著本書，讓複利陪伴荷包成長吧！

用複利滾錢，
創造自己的超級聚寶盆

我旅美多年，任教於大學已四十餘載，有許多相從甚密、恭敬相惜的好友，而從往最密切的友人，唯屬吳曉明教授。

很幸運地，我與吳教授結有四十餘年珍貴和真摯的友誼。吳教授知識淵博、聰慧過人，且膽大心細、判斷精準，與他深交多年，亦師亦友。他的道德品質和才智成就，同樣留給我難忘的印象。

憑藉著多年任教於美國大學，在電腦與商科專業課程上，有著雄厚理論研究基礎和經驗，加上他自己和團隊的專業訓練，以及多年實際操作股票的豐富經驗，寫成了這本重要的股票投資寶典。邀請我作序，實感榮幸。

西方有句諺語：「知識就是力量」（Knowledge is power）。從字面上來說，似乎是顯而易懂的字句，但是細細品味，並套用在吳教授身上，就有了更深一層的解讀。舉個最簡單的例子，若某人知道一家電信公司有優惠折扣，能從中省下一筆錢，而這些省下的錢就成了他多出來的力量。

吳教授善於攫取有效的知識，並且積極整合，使之轉變成強大的資本和財富，讓知識聚集並爆發。

吳教授用自己成功投資美股的經驗，鮮明闡述「複利會讓錢和孩子們一起成長，有安排就能安心」的理念，個人理財投資亦是如此。是否願意深入研究，在人生漫長的旅途中，會應驗古人說的「差之毫釐，謬以千里」。若能積累知識且付諸實踐，在錢財的支配上必然會得心應手，遊刃有餘；反之，就會顯得捉襟見肘。

我認為對個人而言，若把投資理財設想成建造一棟堅固的大廈，撐起這座大廈的四根大柱就應分別為：①投資房地產（real estates）、②投資股票（stocks）、③投資期貨（commodities）和④投資債券（bonds）。

有些人認為投資股票是一種冒險的投機生意，其實不然，在像美國這樣一個進步成熟的商業社會裡，股票投資是促進社會經濟發展的一大因素，我們應該注重的是長遠的投資。

不僅我們的父兄輩曾投資過股票，現在我們也要投資股票，甚至我們的兒孫輩，將來仍需如此。這樣一來，社會才能逐漸成為一個穩健、不斷壯大的進步經濟體系。這樣的投資有益於社會，也能成為個人的經濟保障。

在以上四種不同方式的投資中，以投資股票的技巧較為繁複。傳統觀念認為投資股票就要低買高賣，但在電腦科技掛帥的今日，這種作法只在理論上說得通。現今全都靠電腦周密運作，和以往一樣的時間，在電腦的剖析下，不但微秒（microsecond＝10^{-6}秒）要爭，就連納秒（nanosecond＝10^{-9}秒）也非爭不可。

在買賣股票之際，關鍵性的決定就非依靠一些優良的電腦軟體不可，要讓投資者能十拿九穩地撲捉到時機，就更需要依賴吳教授這位經驗豐富的軟體設計師了。

投資股票自然有賺有賠，而賺賠和人性的貪婪度有很大的關係。常聽到投資人感嘆：「我那支股票若早拋售就能賺到大錢了。」或者有人也會埋怨：「哪知道另一支股票會鹹魚翻身，早知道就不急著賣了。」在買賣股票上，所謂的時機實在非常難取捨。在本書中，吳教授在他的軟體設計上（第三章提及的3模式），充分利用電腦特性，在掌握買賣時間上，更有精闢獨到之處。

吳教授的成功機遇不可複製，但是他的敏銳投資嗅覺和專業操作特長，可以被學習和模仿。「美國對抗貧窮不對抗窮人」，我們應該關注在操作美股和投資環境上，同時優化自己的心智水準和投資方向。

吳教授在多年的教學生涯裡，培育英才無數，直接或間接受吳教授恩惠的學生，對他諄諄教誨之恩，更常記於心。他的學生分二大類，一類在研究所裡專司研究，另一類則遍及美國各大熱門行業，學員內有醫生、工程師、教師等人，這些學員俱為專業精英與社會棟樑，大家常在一起切磋。

雖然不是專業投資人士，但凡按照吳教授提示去操作美股的學員，多半每個月都會有一筆可觀的收入，他這近於完美的美股營利操作系統，對於深受其益的學生，無疑就是個超級聚寶盆。

張兆平

紐約理工學院物理系系主任

投資與投機，
互補才能相得益彰

特別感謝亦師亦友的貴人張兆平教授，幫我度過生命最困難的時段。感謝張兆平教授、鄭立元教授、王學亮教授和Melvyn Drossman教授，一起支持股票軟體開發。感謝愛因斯坦說：「複利是有史以來最偉大的數學發現。」

感謝內人李德珮一直扶持這個家，沒有撤離也沒有支薪放假，常問我很難回答的另類思考問題，也許這就是我還沒老年痴呆的原因。感謝Jason和Linda支援華人經驗分享的行動。我需要感謝的人太多了，在這裡一起謝謝他們的鼓勵與支持。

其中，我最感謝我的母親，她一直支持我的投資想法。因為父親的保守，我在45歲才敢開始學習股市投資，49歲以後實施的「月收入」概念，經歷很多錯誤，交易策略一次次失敗，才終於得到結論，那就是**最好的安全投資方法是先投資後投機，以投資所得去投機**。

在此特別強調，投機是指投對時機，而不是偷機。如此一來投機零風險，然後再以投機所得去投資，逐月循環生生不息。如何月月增加「月收入」，本書會有細節說明。

延續「萬物皆下品，唯有讀書高」的影響，父親曾鼓勵我：「書中自有黃金屋，書中自有顏如玉。」跟著當年的潮流出國學習、在國外工作，發現美式社會的生活並不容易，說現實一點，就是繞著錢轉。

美式生活一方面讓人獨立堅強，一切靠自己，另一方面也使得自我保護意志抬頭。時逢通貨膨脹，眼見省吃節用儲蓄的錢變小、看見前輩兼差開店、買房出租，便知道黃金屋不全在書中，不想他法不行呀！

孩子學費漲、物價漲，只有薪水不漲，賺錢擺在首位目標的想法日益形成。因為沒有其他技能，想趁年輕多賺點錢，只能兼差，所以多年來擁有兩份工作。就算合作兼開餐廳或電腦組裝店，忙到不成人形，也只能算是不無小補。用人力賺錢實在太累了，養家活口又時有意外，於是常常深思熟慮，希望找到更好的方法。開餐廳的人生到了這個地步，時有感嘆。

所幸，機緣牽引下，認識了標準普爾（S&P）500指數的業主之一，股市快速驚人的能量，與廣大無邊的機會啟蒙了我，讓我肯定股市是解決一切最快的答案。但就和其他95％投資失敗的人一樣，不是解決問題最快，而是錢消失得最快。**原因就是誤將投機當投資，分不清楚投資和投機的區**

別，又掌握不了對的時機。

　　剛開始我研讀基本面，並搭配技術面判斷，認定努力與成就有關。可是市場老是跟我做對，於是我加倍努力研究圖表和技術指標，操縱買入和賣出時機，並專注於交易策略，股票、期權、外匯買賣等都有所涉獵。贏時感覺手氣順便加碼；輸時自嘆苦命而害怕，全然賭徒心態，遊走在貪婪和恐懼之間。

　　我參加過各種交易策略訓練，閱讀千本書，有時失敗、有時成功，長期受極端情緒煎熬，天天面對喜怒哀樂。人人知道時間可以治癒悲傷，但我活得好像在作戰，傷口未癒便再上場，結果情緒失控，還得依靠醫生開的抗焦慮藥。

　　於是我冥想沉思十年如一日，逐漸了解投資和投機兩者之間的差異及相互關係，才知道原來股票投機也只是全職工作之一。一般人工作賺錢，勞心又勞力，為養家活口，內心抑鬱沉重。有智慧的人則用簡單方法配合時機賺錢，享受人生。正所謂人有一雙腳，錢有兩雙腳，讓錢來追人才是唯一選項。

　　由於文化背景不同，多數美國移民根本不知道有很多安全的投資方法。事實上，大多數美國人不像華人，一生省吃儉用，反而當孩子一出生就安排投資，父母或者祖父母會為

孩子們，用極少的錢開設投資帳戶。

他們知道複利會讓錢和孩子一起成長，只要有安排就能安心。所以大多數美國人活得有滋有味，沒事每週一次到著名餐館外食、看百老匯演出、欣賞林肯中心音樂廳的表演、每年四處走走看看、漫遊巡航愛之船等。

大多數華人不知道如何運用投資安排生活，只知道「省」，總把太貴掛在嘴邊，將捨不得寫在臉上，老是擔心就沒辦法舒心生活。反觀美國人，因為他們早有投資安排與計畫，生活自然輕鬆愉快。說到底，人活著不就是為了享受嗎？

經歷過那麼多次痛苦的魔鬼操練，最後我分析所有的投資工具，並選擇其中最好的方式操作。感謝過去的交易經驗，讓我得以在投資和投機之間找到平衡，並快速加碼使收益穩定成長。

幸虧我知道如何編寫電腦程式，做成分析工具，採用人工智能，應用大數據概念，幫助選擇進場的最佳時機。一旦你真正知道了，一切將變得簡單輕鬆。這不是魔術，也不是艱澀的學問，每個人都可以學習，本書能一步步讓你實現這個概念。

　　我花了10多年時間才領悟這個簡單概念，因為我沒有開放的心態，或者沒機會讀到像這樣的一本書。這個投資概念有兩個主要部分：「DIY聚寶盆」和「DIY精算盤」。本書聚焦在「DIY聚寶盆」，我希望每一個家庭都可以使用它奠定良好的投資基石。以後有機會，我再詳細說明讓獲利加速的「DIY精算盤」這部分。

　　美國有很多安全的投資工具和方法，他們也很歡迎外國人參與。有多少華人生活無後顧之憂、活得開朗？其實錢真的沒有那麼難掙，只是掙錢方法錯了，這就是為什麼我們不能享受工作，只要是為錢工作，就不能享受在其中。

　　這本書為你建立概念並提供方法，期盼分享這個人人都可以實踐的輕鬆計畫。例如，二戰時期的嬰兒潮一代，現在已陸續進入銀髮族階段，每7.5分鐘就添加一人進入65歲。我們可以抓住人口高齡化的趨勢，投資相關產業，才有機會獲利。

　　本書提到的聚寶盆概念，重新平衡醫療衛生保健和房地產業的板塊，說明運用哪個指標可跟隨潮流順勢而行，此計畫還可用交易方法加碼加速。**投資和投機是兩個賺錢概念，互補才能相得益彰**。這種概念極為實用，能讓你無後顧之憂去開創奮鬥，過程簡單也讓人愉快。希望華人能多一個有智

慧的選擇，抓住這個機會，讓我們一起享受人生。

這本書介紹美國安全的投資環境和工具，在家利用電腦網路，就能不假他人之手，簡易方便創造屬於自己的聚寶盆。根據我30年大學教學、24年美股投資和投資軟體的編碼經驗，願意與你分享失敗後再次成功的心得。

讓我們一起從上傳下載「月收入」生活費開始，這是一個很好的概念，上傳完投資訂單後，每月下載月收入到投資者帳戶，也可以將收入再投入其他投資。設定完畢後，一切由電腦自動處理，在美國有很多人操作這種方式，真正做到財務獨立。

這個當代聚寶盆具有龐大的生產力，還可每月加薪，成長速度非常快，就是最安全的「月收入」投資模式。我們呼籲所有人，早日開始這個個人投資計畫，保障家人的現在和未來。

賺美金咖緊，就趁現在！

哈佛校長德魯・福斯特（Drew Faust）曾經演講過一個主題：「為什麼哈佛學生要去華爾街？」一語道破華爾街生涯令人著迷的龐大吸引力。

2011年11月，哈佛某班70個學生，退選格里高利・曼昆（Gregory Mankiw）教授的《經濟學原理》，因為事實證明經濟原理已經改變。紐約市長彭博（Bloomberg）曾說：「如果你不是頂尖學生，與其在哈佛讀書，不如去學習當水電工。」

從過去到現在，哪個國家不拚經濟？改朝換代或多或少與經濟有關。2008年以來，世界金融危機長達6年，在2014年10月，三輪量化寬鬆（即QE，Quantitative easing）貨幣政策正式結束（編按：量化寬鬆政策是指當基準利率趨近於零時，央行透過公開市場操作，增加貨幣供給，促使經濟復甦。美國聯邦儲備委員會〔美聯儲〕在金融危機時以QE政策應對，實施三次後於2014年10月結束），美國的經濟趨勢逐漸好轉。

美國GDP迅速增加，美股也已經走出金融危機的陰影。

紐約股市三大指數持續走高，尤其是道瓊斯平均工業指數，已經上漲到18,000點以上。**QE末期，六個月來美元升值了10%，未來12個月可能升值25%，美元上漲勢不可擋，這也意味著其他國家的貨幣縮水（包括中國及臺灣）。**

美元將有數年的牛市，流動性現金會留在美國股市。美國在世界經濟的領導地位很難改變，未來10年，許多國家（包括中國及臺灣），尤其新興市場，將會面臨經濟困難的狀況。美國對抗貧窮不對抗窮人，**美國政府幫助個人投資者，有機會以極小資本持有巨大的建築物股份。**

例如，政府物業收益信託（Government Properties Income Trust）專門為美國政府建造辦公大樓，而美國政府向業主租用大樓，使得我們可以投資這個房地產，並成為業主。**房地產信託基金收到租金後，依聯邦法和公司法地產信託規定，90%利潤必須支付給投資者。**

為人民服務不是口號。你相信美國政府監察公司，賺100美元就必須分配90美元給投資人嗎？你知道不投資風險更大嗎？你知道小資本也可投資購物中心、辦公大樓、電影院、醫院，而且每月都有租金分紅嗎？

我們是一群在美股有豐富經驗而願意分享的人，相信這些經驗一定對每個華人都有幫助。我們希望提供華人一個更

有智慧的選擇，抓住這個機會，別老是為生活焦慮，一起享受人生吧。在當水電工和投資者之間，我們建議選擇投資者。

01

為什麼美股是你的
最佳選擇？

穩定配息，創造可觀月收入

　　美國在世界經濟的領導地位很難被改變。 自由開放的美國股市，透過貿易直接或間接聯繫世界各國，並歡迎各國公平競爭吸資。

　　很多國家利用這個市場公開上市他們的公司，臺灣就有8個公司：ASX、AUO、CHT、HIMX、SIMO、SPIL、TSM、和UMC（編按：此為在美國發行存託憑證的企業，分別是日月光、友達、中華電、奇景光電、慧榮、矽品、台積電和聯電），中國大陸則有109個公司，196個櫃檯買賣中心（OTC, Over-The-Counter）也在美國股市公開交易。

　　美股提供一個安定的平臺，讓長期穩定成長的公司得以存在，且能公開上市。這是一個適合大多數投資人的環境，尤其能為投資新手提供大好機會。**新手投資者應著眼於穩定發放股息的公司，並固定將每月或每季的股息收入再投資。**

　　如果你想要小額投資，在美國可以只買一股。 連續購買同一支股票，經過一段時間後，就有長線的配股配息，且可將股息再投資，自然就能提高投報率，是很適合年輕人的投資策略。很多公司會發配月息或月利，由於長期穩定獲利，

在不知不覺中會發現，月收入會逐漸成長，比加薪的速度還快。

滴水會成河，竹子用了四年時間，只長了3公分，但從第五年開始，每天可以90公分的速度瘋狂成長，只要五週就可長到20公尺。事實上，前四年竹子將根往土壤裡延伸數百公尺，投資也是這樣。

不要擔心眼前的回報，因為複利一旦到達爆發點，就會迅速穩健成長。本書介紹的「渦輪式複利」，就是能加速獲利的工具。只要你熬過前面的3公分，就可以感受驚人的成長速度，這就是本書強調的DIY聚寶盆概念。

從美股賺1億╳第①堂課

選擇可長線配息的股票，用股息再投資，透過複利循環，可以看到「月收入」驚人的成長力，比加薪速度還要快。

無法惡意操縱，歷經震盪不減影響力

紐約市曼哈頓下城華爾街11號，是美國證券交易所（NYSE）的地址。迄今為止，這是世界上最大的證券交易所，2013年日平均交易價值約為1,690億美元。

1882年由三位年輕記者查爾斯·道（Charles Dow）、愛德華·瓊斯（Edward Jones）和查爾斯·博格斯特萊斯（Charles Bergstresser），建立了道瓊斯公司。他們開始提供消息給投資公司，為華爾街投資者服務。這三人開發了紐約的金融市場，提供專業的寶貴資源。從此以後，道瓊斯工業平均指數成為全球股市標準。

經濟大蕭條影響全世界

由於美國有許多股市崩盤的前例，再再提醒我們記得頭號規則，就是專注於「安全投資」。1929年10月24日，黑色星期四華爾街崩盤，這是美國歷史上最具破壞性的股市暴跌，還因此迎來10年大蕭條，並影響所有西方國家。

一戰結束時是美國熱情、自信和樂觀的新時代，愈來愈多人投資股市，股價開始上漲。1925年到1927年強勁的牛市，吸引更多人前來投資，到了1928年，股市已極為繁榮。

而在1929年初，美國各地人士爭先恐後進入股市，投資人向經紀人融資，借錢來買股。

在20年代，買家只需要投入10％至20％的錢，就可借來80％到90％的錢，當作投資股票的成本。許多投機者（希望把大量的資金投入股市）融資買股票，似乎相信股價會永無止境地上漲，而忽略了風險。

1929年9月3日，股價為381.17點，達到道瓊斯工業平均指數收盤高峰，兩天後市場開始下滑。起初沒有大規模的下降，後來股價在整個九月和十月動盪不已。

復甦的速度很驚人，很多人再次買入股票，他們認為這是逢低買進。在「黑色星期四」，有1,290萬股被賣出，加倍刷新了先前的紀錄。四天後，股市再次瘋狂下跌。

股市大跌最嚴重的影響就是混亂了銀行體系。銀行收不回投資者的貸款，更糟的是，許多銀行用儲戶的錢投資股市。當消息傳開，在1932年和1933年間，有數百間銀行宣布倒閉。

富蘭克林·羅斯福於1933年3月就職總統，美國的銀行體系基本上已停止運作。羅斯福宣布美國所有的銀行關閉三天，以防止類似的災難再次發生。聯邦政府成立了聯邦存款保險公司（FDIC），讓每個人在銀行裡的錢都在此保障之下，政府將償還儲戶應有的金額。另一個關鍵的機制是，從

此禁止銀行用儲戶的錢投資股市。

黑色星期一是指1987年10月19日。那一年全球股市異動從亞洲開始，然後擊中歐洲，再來就是美國，道瓊斯暴跌22.6％。在十月底，香港市場註冊的公司有45.8％虧損，英國失去了26.4％的價值。然而，道瓊斯指數雖然在十月份下降了22.6％，全年仍然獲利。

網路主宰時代興起

許多人認為，股市崩潰是由計算機程序交易引起。在上世紀80年代後期，電腦是快速買賣股票的工具，意味著許多交易商已經開始使用電腦操作。人們指責因為電腦交易設定，不看股市大局就自動賣出股票，釀成股災。

高估股票也被認為是股市崩盤的原因之一。有許多公司進行收購及合併，此舉抬高股價並影響市場，當投資者認為市場被高估就會賣出。

基本上，投資者購買股票時通常緩慢，但拋售時卻快速，就像是羊群心理（亦指從眾心理），當看到市場迅速下降，便更加快速想要賣股，如此一來，演變成滾雪球效應。目前87％的美國股票交易是由電腦控制，而電腦沒有人類的情緒化心理問題，所以責怪電腦導致股市崩潰的說法，並不完全正確。

這是電腦革命的時代，人們意識到這種大改變，股市行

為已經大為不同。大體上，電腦速度快、沒有任何情緒，政府應該公布新的法規來因應。

根據紐約時報於2009年7月3日的報導，聯邦調查局麥克斯萬恩（Michael McSwain），在紐瓦克自由機場逮捕了39歲的阿列尼科夫（Sergey Aleynikov），指控他竊取高盛（NYSE：GS）軟體的代碼，這套軟體在華爾街估計每年約賺進將近80億美元。

價值12億美元的對沖基金Citadel投資集團透露，他們已在過去七年內，向兩位頂尖程序員支付數以千萬的高薪，讓股市計算機的網絡變得更加安全。

2000年3月10日，互聯網泡沫（也被稱為dot-com泡沫、網絡泡沫和信息技術泡沫）是一個歷史性的投機泡沫事件。納斯達克（NASDAQ）是第一家電子股票交易所，紐約證券交易所當時還沒有全部電腦化。在2000年3月之前，網路事業剛剛興起，凡公司名稱後面加上.com的企業，都引起投資人的興趣，並積極買進。

在1997到2000年間，工業化國家的互聯網行業及相關領域迅速崛起，買氣達到最高峰（在2000年3月10日，NASDAQ綜合指數甚至高達5,132.52點），但在2001年就全速消退，宣告網路泡沫化時代正式來臨。

恐怖攻擊重挫股市

2001年9月11日的恐怖襲擊事件，股市低迷影響了全世界的經濟。當第一架飛機撞向世貿中心北塔後，紐約證券交易所延遲開盤。在第二架飛機撞到南塔後，當天交易完全取消。納斯達克取消交易，倫敦證券交易所和世界各地的其他證交所也都關閉，紐約證交所則關閉到下週一。歷史上，主要證券交易所關閉的例子共有八次，這次是第八次，總計4天。

第一次在1865年，因為林肯總統遭暗殺，關閉一個多星期。第二次在1873年，費城銀行Jay Cook & Co倒閉，金融恐慌使證交所關閉10天。第三次在1914年，第一次世界大戰導致交易於7月31日停止，這次關閉長達四個半月。第四次為1933年3月大蕭條時期，羅斯福總統宣布關閉銀行系統4天。

第五次是1945年8月15日和16日市場休市，標誌著第二次世界大戰結束。第六次是1963年11月22日，在甘迺迪總統遇刺後，提早關閉。第七次為1985年，颶風格洛麗亞（Gloria）侵襲東海岸，紐約證交所關閉。

2008年爆發世界金融危機，美國主要銀行在2008年9月16日緊縮，最引人注目的是雷曼兄弟銀行。受影響的銀行在整個歐洲引發金融危機，冰島不幸命中，其貨幣克朗的價值急減，讓國家面臨破產威脅。

世界各地的銀行危機，嚴重打擊股市。美國股市在一週內失去了21％的價值，雖然比起1987年黑色星期一的22.6％，數字不是那麼糟糕，但因為持續整個星期，依舊是個重挫。

2008年的美國股市暴跌，主要原因是次貸危機。公司貸款給有不良信用評級的人，基本上，他們很難償還貸款。美國銀行最終崩潰，主因是他們貸出的款項，超過銀行本身擁有的錢，也就是超過債務權益比率。

股市波動對各國人民的生活有直接或間接影響。美國股市不僅關係美國本身，也直接波及國際股市。歷經以上這些重大危機，美國深知如果想保持在世界經濟的領導地位，務必健全股市管理，不能崩盤。QE政策因其而出，所以投資美股有一定的安全考量。

美國股市管理健全

美國股市管理健全又可靠，而且大到無法惡意操縱。投資兼具挑戰性並且有利可圖，但是每個投資工具都有專屬的風險。購買美國預托證券（ADRs）、指數股票型基金（ETFs）和共同基金（Mutual Fund），有助於降低這些風險。這三項投資都經由美國上市公司統一管理，以美元交易，可以透過經紀人購買。

不過，市場的波動性會影響這些投資，所以長期關注和謹慎操作仍然相當重要。這本書將闡述如何不假他人之手投資管理，讀者知道怎樣自己操作，還可以省下大量的基金年費。至少，當你和你的財務顧問討論投資項目時，會比較容易理解。

正如前言所述，美國對抗貧窮、不對抗窮人。政府物業收益信託必須將90％不扣稅的租金收入，分配給股東，由此看來，為人民服務不是口號。但是，你真的相信美國政府會做到監督保證嗎？我們將在第四章說明。

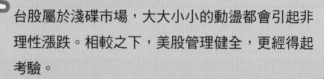

從美股賺1億×第②堂課

台股屬於淺碟市場，大大小小的動盪都會引起非理性漲跌。相較之下，美股管理健全，更經得起考驗。

預防股市暴跌，美國政府會出手

　　美國擁有自由市場經濟，從理論上來說，市場的高低點應該僅受供需影響。任何足以動搖市場的機構，例如政府都應該置身事外，讓市場自然發展。**儘管美國政府不直接干預股市，但它有權力在外圍影響金融市場**（例如，當膨脹的股價降得太低時）。經濟與市場相互關聯，政府採取的措施也會造成影響力。

　　次貸餘波是政府嘗試改變，以避免經濟崩潰或衰退的一個很好例子。2008年，美國政府提出幾項計畫，努力防止經濟陷入暴跌。政府宣布以退稅的形式來刺激經濟，根據國稅局（IRS）表示，納稅人至少獲得600美元的退稅金額，希望能將這筆錢花費在商品和服務上，以帶動經濟復甦。

　　政府還可以挹注現金到銀行機構，從而防範股市崩潰。美國政府透過美聯儲注入現金，它屬於美國的中央銀行體系，可調節和輔助商業銀行運作。2008年美聯儲宣布創造了一個新的放貸機制：定期證券借貸機制（TSLF）。

此機制將對銀行體系（非你家附近的一般分行）挹注2,000億美元，以出借28天期國庫券的方式，與20家主要債券交易商和銀行，交換這兩者所持有的AAA級抵押貸款證券。

此機制的主要重點在於增加市場流動性。流動市場上有大量買家和賣家交易的資產，沒有這些折扣資產，會引起甩賣（編按：意指以低廉價格出售）。

美聯儲還可以透過降低隔夜拆借利率（編按：當實際資金需求大於準備資金時，銀行就會向其他資金較充裕的銀行借調，隔天償還本利和，即銀行間的隔夜貸款），間接地注入現金。

從2007年9月至2008年3月，美聯儲將隔夜貸款利率下調3%，希望銀行有較低的利率和更多的現金可注入投資。

美聯儲在2008年採取了更多方案。當摩根大通（編按：美國最大的金融服務機構）收購了貝爾斯登（編按：美國第五大投資銀行，也是主要證券交易公司之一），美聯儲保證300億美元的債務。這些投資銀行是真正能為市場注入現金的機構，當這些大公司停止投資，整個金融體系就會陷於停頓。

在此之後，6年量化寬鬆政策改變了整個經濟，讓美國的經濟再次強勁起來。政府的意圖在於強化市場基金的流動

性，並穩定整體經濟發展。但不是每個人都同意這樣的行動，有一些批評者甚至表示：「最好的行動就是不採取行動」。

從美股賺1億×第③堂課

美國是世界經濟的領頭羊，為了增加市場流動性，避免經濟崩潰或衰退，會採取許多機制方案，以期穩定整體發展。

QE結束、美元升值，美股有數年牛市

　　一般來說，股票的股息收益率比債券收益率低，現今卻相反：股票的股息收益率是8.3％，債券支付約為5％，這是前所未見的現象。

　　自2008年世界金融危機以來，長達6年的三輪量化寬鬆貨幣政策挺進股市，讓股價持續走高，每家公司的盈利只用來買回自家的股票，或繼續添加股息，而不再投資發展新產品，這說明了公司管理階層無法確定未來投資方向。

　　美國GDP迅速增加，股市已經走出金融危機的陰影。紐約股市三大股指持續走高，尤其是道瓊斯工業指數，已經上漲到17,000點以上。僅2013年一年，美聯儲就還給聯邦政府889億美元。**QE末期，六個月來美元升值10％，未來12個月可能升值20％，美元上漲勢不可擋。**

　　在未來10年，包括中國及臺灣等許多新興市場，將面臨經濟挑戰。事實上，許多國家從2014年年底開始，就出現了貨幣貶值現象（編按：QE政策雖然使得美國經濟復甦，但是也引發美元大幅貶值。當QE退場時，美元將重新強勢啟動，未來至少還有一定幅度的升值空間，各國貨幣也會因此

受到挑戰），但**美元將有數年的牛市**，這說明了美國投資環境變好。

QE政策結束後，美元大幅升值，強勢回歸，將帶動數年的牛市，現在正是投資美股最好的時機。

投資美股有哪些優勢？

在2009年年中，經濟衰退的情勢扭轉，美國股市顯然仍是國際市場的領頭羊。美元貶值時，對國外市場的投資者大有好處。當美元（UUP）下跌時，理當投資國際股票（QWLD），反之，隨著美元強勢回歸，國際股票提供的回報也會明確減少，這時就是成功投資的最佳時機。

美國股市優於歐洲和亞洲股票。在過去七年裡，美國經歷了殘酷的經濟衰退，而現在已經復甦。相對於歐洲（EZU）和日本（EWJ），美國的經濟一直是個亮點。許多經濟衰退的企業，在年底已產生了創紀錄的利潤，這說明美元一直保持穩定，利率維持低位。

在美國，大多數資產位於中上階級的人，均在股市大幅分配投資組合，有些人專挑個別股（例如蘋果、通用電氣、沃爾瑪等）。請記住，你得真正了解股市，才可以進行投資。圖1可看出美國公司利潤和國內生產總值，從2008年的低點到2013年，保持穩定上升的趨勢。

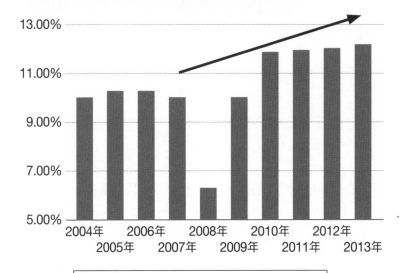

圖1 美國公司利潤/GDP（以兩位數表示）

可看出2008年到2013年GDP穩定成長。

從理論和實際面來看，美國是最適合放錢的地方。由圖2可看出，**自2009年年底，S&P 500產生的年總回報率（包括股息）約為16%**。根據歷史上的標準衡量，這是非常可觀的平均水準；過去的股市寵兒中國和巴西，則是出現跌幅。

最近，領先全球的指數和投資決策工具供應商摩根士丹利指數公司（MSCI World Index），第二次拒絕中國申請成為新興市場指數，成了中國啟動類似量化寬鬆政策的導火線，股市也在2015年6月承受巨大的壓力。

除了關注希臘違約的嚴重問題和全球經濟走勢外，臺灣也應該改變政策。國民應該學習財務規畫，尤其應該投資美國股市，這是讓個人和家庭財務穩定的最佳選項。

QE政策停止後，美元已經上漲30％。美國市場指標（IVV）的波動性，從那時開始不斷上升，和美國以外的市場相比，波動性一直都較高，一切都是因為QE停止的原因。

QE停止後美元回升，市場也上漲，長期看來，美國股市仍有利於投資者，是投資者最好的選擇。這是因為投資者會考慮降低他們的高風險持股，無論如何，我們應該專注在與市場波動較少相關的行業，並以股息為核心投資目標。

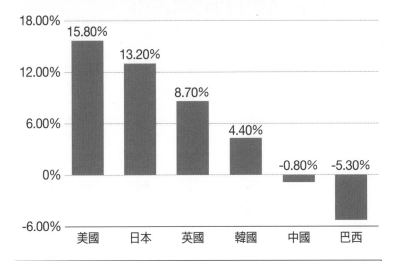

圖2　2014年各國S&P 500總回報率比較 ·········►

美國的S&P 500年總回報率為15.8%，仍高於其他各國，中國和巴西卻呈負值。

從美股賺1億╳第⑤堂課

美國經濟歷經多次動盪，終於在2009年扭轉情勢。美元強勢回歸，美股發展優於歐洲和亞洲股票，長期看來，仍是投資人最好的選擇。

一定要投資美股的8個理由

1. 美國是世界經濟的領頭羊，知名的上市上櫃公司都在美國掛牌，值得信賴。

2. 美股管理健全，大到無法惡意操控，就算歷經多次金融危機，最終都能扭轉情勢。

3. 2014年年底QE政策結束，美元大幅升值，甚至可望達到20％，美國將有數年牛市。

4. 自2008年到2013年，美國的GDP成長率保持穩定上升的趨勢。

5. 相較於台股的淺碟、歐洲和日本持續出現經濟衰退的狀況，美元一直保持穩定，利率維持低位。

6. 自2009年年底，S&P 500產生的總回報率約為16％，依照過去的標準衡量，是非常可觀的數字，而過去的股市寵兒中國和巴西，則出現跌幅狀態。

7. 只有在美國，才能擁有連續25～50年配息都成長的投資標的。

8. 只有投資美國的房地產信託基金，才能享有90％的利潤分配。

NOTE

02

培養正確理財觀，
讓月收入增加1.5倍

投資就像刷牙，
得養成習慣

多數人相信，我們應該選擇生活型態，而不是讓它左右我們。隨著全球經濟變化、大環境改變，人類生存空間的不確定性與日俱增，所以選擇工作來養家活口的A計畫，必須改變為A^+計畫，這個A^+計畫就是由自己主導一切。

社會福利問題已成為所有國家的共通難題，美國社會安全局最近也延長了原定的退休年齡。健康保險是一個好規畫，但需要擁有更多資金支持，基本上，一切都是建立在金錢上。問問現代的年輕人，你會驚訝地發現，每個人追求的人生都和金錢有關。

人類的生存不應該如此，人人都應該要有正確的經濟觀念。**如果想要享受人生，父母必須讓孩子養成投資習慣，就如同其他日常活動一樣。**大環境已經改變了，如果我們沒有因應方式，只能隨波逐流。

去養老院晃一圈，你就會知道為什麼錢和尊嚴有關了。去參觀別人家嫁女兒的婚禮，你就會知道「零存整付」（DRIP）的概念是正確的。面對金錢，真的有人比我們更在乎嗎？電腦真的改變了我們的生活方式嗎？我們可以DIY

管理自己的財富並使它成長嗎？可以使用和專業人士（即銀行等）一樣的投資理財工具嗎？

一旦投資觀念普及，投資就成為日常生活的一部分。任何事都有風險，但不至於帶給我們突如其來的巨大震盪。就算只是刷牙，只要漫不經心，有時也會有危險，但這沒什麼大不了的。

如果你不從年輕時就投資，當你需要額外支出時，可能會投機，甚至投入高風險的炒股中，誤將炒股當成是投資，成為95%投機失敗者的其中之一。我們應該讓投資與年齡一起成長，讓投資風險與時間成反比。

從美股賺1億×第⑥堂課

任何投資都有風險，應該從年輕時就建立正確理財觀。當投資成為生活的一部分時，才能讓獲利隨著時間一同成長。

懂得複利循環，獲利才追得上通膨

　　物價逐漸上漲是不可避免的趨勢，古今中外都一樣。問問你的父母或祖父母，25年前一杯豆漿的價格，以及他們買的第一輛新車、第一棟房子或其他任何東西的價格，你會發現的確上漲了。

　　薪水增加的幅度，絕不可能趕上通貨膨脹率。事實上，通貨膨脹可說是相當有利可圖的投資。以下將談談如何逆轉通膨，不但能抵制通膨，並且還能從中獲利。

　　關鍵即是在通膨環境中保持投資、賺錢，以高於通貨膨脹率的速度增加資產。歷史上的許多投資，都被視為對抗通膨的方式，例如房地產、黃金、石油、股票和通膨保值債券。因為黃金不是每日需求，我比較罕用它抵制通膨，而結合實質房地產與石油商品為股票投資組合，並在網路上操作，會更為實用和方便。

　　如果投資是必須的，我們得觀察最常見的投資方式，以便做出最正確的選擇。所謂「君子愛財，取之有道」，財道重選擇，而選擇貴在了解。了解美國的金融專業管道後，再選擇適合我們的財道。

投資有風險，不投資更危險

前面我們提過，紐約市長彭博曾說，如果你不是頂尖學生，在哈佛讀書和學習當水電工之間，他建議選擇水電工。而筆者建議在水電工和投資者間，應選擇當投資者。

網路無遠弗界，日益安全，用電腦可上傳下載生活費是真的嗎？在網路上賺錢安全嗎？海外投資可靠嗎？你知道金融公司花費最多的項目就在網路安全上嗎？只要開個空戶，你就會知道了。財務顧問會全心全意為小資族服務嗎？他們應該以大戶為重吧。

用電腦DIY理財，不只可省下中間人費用，也更省事省時，因為指尖點擊人人都會。每月少吃一頓大餐，省下的錢就能夠啟動下載「生活費」的模式。

也就是說，設定互聯網經紀商帳戶，會自動鏈接到我們的支票帳戶，我們用家裡的電腦下單，資金就會自動轉移到你的支票帳戶，何樂不為呢？

美國80％的專業基金經理都不及格，而且要求的費用非常高昂。然而，我們可以輕鬆DIY投資組合，賺取合法月收入。

本書將研究聚焦在華人最愛的房地產投資信託基金上，讓自己成為美國大型建築的業主。一旦理解如何運用「渦輪式循環複利法」及「盈利再分配法」，獲得月收入數倍的利

潤，就像數手指頭一樣簡單。

想在通貨膨脹的狀態中穩健獲利，「複利循環」
是最大關鍵。

5方式，
開始在美國投資理財

如何在美國開始投資理財？以下將一一為讀者分析。

方式1 **透過基金經理：費用超過1％（有的更多），但極少數業績佳。**

A.共同基金（Mutual Fund）

過去只有經驗老道的投資者有足夠資金，可以聘請專業人士幫助操作。但現在我們也可用微薄的收入投資（10美元、5美元，甚至1美元都可以下訂單，投資不再限於大資本），透過DIY的方式省錢，並尋求更大的回報。

共同基金就是由專業證券投資公司，募集多數人的資金，交由專業顧問積極管理，但收費較高。透過專業管理，可篩選出符合市場趨勢的商品，進而擊敗市場。我們認知的共同基金主要有兩類，但本書將重點放在封閉式基金（CEF），在第4章會有更詳細的範例說明。

①**開放式基金**（Open-End Funds）
股票基金、固定收益類基金（債券）、貨幣市場基金。
②**封閉式基金**（Closed-End Funds）

多數人有興趣以低於淨資產價值的折扣價購買基金，購買封閉式基金，可以比開放式基金分到更多的股息紅利，這對以收入為導向或較保守的投資者而言，最有吸引力。但是要小心，封閉式基金也可以用本金支付股息，會因此降低基金的淨資產。

B.指數基金（Index Fund）

1976年，第一指數基金由投資公司先鋒集團（Vanguard Group）創始人約翰・博格爾（John C. Bogle）推出。他認為，**保持投資比進出交易更重要**。因此，代號VFINX的先鋒500指數基金（Vanguard 500 Index Funds），透過追蹤市場基準S&P 500，承諾將實現相當於市場平均水準的收益，迄今仍然如此。

VFINX是股市指標中的指標，所有其他指數和基金均跟隨它。時間證明，約翰・博格爾是正確的，他發現大多數共同基金不會賺錢，這也是我們要學習如何DIY的原因。

當時它被認為是愚蠢的，甚至今天也是，因為華爾街總是希望贏過市場。然而，博格爾證明，四分之三的經理人挑不出好的「贏家股票」，因為經紀人、理專其實都是在賺投資者的錢。

經過大量論證後，先鋒集團成為家家戶戶都知道的公司，並一直維持著最低費用，直至今天，仍有幾百個指數基金追蹤它的標的和類型。

C.交易所買賣基金（Exchanged Traded Fund, ETF）

你可以把ETF作為指數基金的一種形式，它結合性質雷同的投資標的，並為投資者提供較低的投資成本。但是，有一個重要的區別：指數基金有昂貴的交易費，而ETF通常收取較少佣金。然而，不是所有設計模仿ETF的指數基金都一樣，所以要小心。如果你想擁有低成本的ETF，最好選擇業績良好且交易廣泛的標的。

方式2 **對沖基金**：手續費2％和利潤的20％須交給經理人，但極少對沖基金脫穎而出，大多數表現平平。

方式3 **透過經紀人**：對自己的銷售佣金很努力，絕不會成為你的利潤。

方式4 **透過保險代理人**：如果想向保險代理人購買年金，請記住，保險公司會從你的報酬收入中賺錢。

方式5 **自己DIY**：基金就是股票組合，與其讓他人為你決定，還要付錢給他，不如自己動手操作。別擔心，本書將逐步引導你。

> **從美股賺1億×第⑧堂課**
>
> 養成持續投資的好習慣，遠比頻繁買進賣出更重要，跟著本章節的5個方式，踏出投資美股的第一步吧。

3招提高獲利率，
讓月收入至少增加1.5倍

　　我的目標是想助人財務獨立，本書將教你以最安全又最快速的方式，透過「股紅渦輪循環複利法」及「盈利再分配法」，加速儲蓄投資，直到讓固定月收入成為生活費的1.5倍，以達到個人財務獨立。以下是我們應該動手操作的項目：

第1招　零存整付（DRIP）

　　假定吳先生持有100股AT&T公司（美國最大電信服務公司，在紐約證交所的上市編碼為T）的股票，該股目前的股價為33.54美元，年度股息支付1.84美元／股（5.7%年利率）。因此，該公司的季度股息將為0.46美元／股（1.84美元除以4季）。

　　假設吳先生得到的季度股息為0.46美元／股，因為他有100股，他的總股息季度將為46美元（0.46美元×100股）。如果吳先生沒有參加AT&T公司的股息再投資計畫，那麼他將獲得現金46美元。

　　如果他已經參加公司的股息再投資計畫，AT&T公司的代理人將會為吳先生以其股息為資金，購買額外的AT&T公

司股票。在這種情況下，他的46美元股息將可購買1.37股 AT&T的額外股份（46美元除以33.54美元）。

吳先生現在擁有101.37股AT&T公司的股票，下一季度 他的股息將是46.63美元，他可再次將額外的股息再投資。 正如你所知，股息再投資計畫很像複利。**用每次的股息來購 買更多的股票，進而導致更高的未來股息及更多的股份。**

這是愛因斯坦最偉大的複利公式，我的投資方法圍繞著 這個複利公式，既是開始也是結束，依此概念循環。

圖3　1984年～2014年 AT&T公司股息分配概況

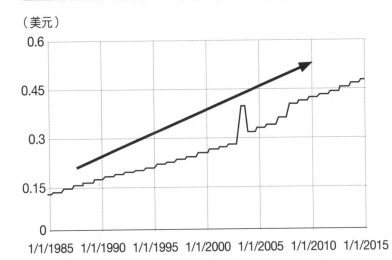

（美元）

31年來股息穩定成長，可預測往後10年、20年仍有相當可觀 的股息成長率。

由圖3可知，以複利方式循環投資，時間愈長，股息成長率愈高。統計至2014年12月25日，AT&T公司每季支付0.47美元股息。

過去31年來，每年仍然有2.2％的股息成長率。10年後可預測的股息平均增長率為10％，20年後將是19％，而30年後可達到37％。擁有10％利潤的生意並不多，坐在家裡就能有10％穩定收益的情形也不多。

因此，以10％的盈利為目標是很好的作法。套用網站演算表（http：//www.moneychimp.com/calculator/compound_interest_calculator.htm），假設你有本金3,354美元，每年投資金額增加600美元，那麼30年後，以10％的股息率計算，可得167,091.35美元。扣除總投資21,354美元，則收益為145,737.35美元，如下表所示。

代號	本金（美元）	每年加碼（美元）	總投資（美元）	年	股息率（％）	總帳戶（美元）	收益（美元）	利潤總額（％）	年利潤（％）
T	3,354	600	21,354	30	10%	167,091.35	145,737.35	682.48%	22.74%

第2招　優先股（PREFERRED）

相較於普通股票，優先股持有者有優先獲得股息配發的權利。優先股就像上班族一樣，唯一的區別是你可以同時上無數個班。以下幾個角度能幫助你更明白理解：

①投資者不是股東，可領固定薪水，若公司賺虧，股息

與投資者無關。

②公司若倒閉，欠薪得還，持優先股股份者得以優先償還。

③公司發薪給員工，優先股持有者可先於一般股東分得利息。

④有工作就有穩定的收入，持有優先股的人可獲得固定利息。

⑤公司可解僱員工（贖回），以聘請薪資較低廉的員工（發行新的優先股）。

【優點】

①有固定利息且比債券利息高，不像股票股息分配是基於公司盈利。

②公司必須償還短缺的利息。

③價格波動比普通股少。

④若公司倒閉，優先股持有者擁有優先清算權。

⑤公司分配收入，優先股股息優先於普通股股息。

⑥提供相當穩定的收入。

【缺點】

①公司贖回優先股的時機難以預測。例如利率下降時，為了以較低的利率發行新的優先股，則會買回現有優先股。另一方面，如果利率上升，持有人可能會持有低於市場利率的優先股，進而降低了持有價值。

②如果公司經營陷入困境，股息可能會延遲發放。

③無投票權。（編按：最常見的投資工具有債券、優先股和普通股。一般人最常說的是有投票權的普通股，也被稱為股東。債券和優先股雖然也用股份計算，但不是股東，而是債務關係，具有安全性和資金保障，但沒有投票權。）

④公司的成長對優先股股價影響較小，但當公司遇到困難時，優先股的股息會是公司的負擔。

第3招　房東的新概念

房地產投資的最新概念：我們不需要擁有出租房，因為傳統房東的優勢不如以往。**基本上，你可以選擇當業主收租，或投資業務營運當老闆，並且分期付款購買不同行業產權的房地產投資信託基金（小至一股一股的投資），讓你的投資更加多樣化。**

例如：政府大樓（Government Building）、購物中心、餐廳、戲院、酒店和度假村，以及所謂的醫療保健地產趨勢組合，像是老人安養機構（Senior Housing）、自立生活中心（Independent Living）、輔助照護機構（Assistant Living）、護理照護（Skilled Nursing）、長期護理（Long Term Care）、住院照護（Hospitalized）、急診醫院（Acute Hospital）和臨終關懷機構（Hospice）等。

1960年美國國會通過《房地產信託投資法》，至今已經發展了近50年，是最被看好的投資美國房地產形式。**投資傳**

統的房地產已不符合現今需求，除了挑位置、各種稅務、保險費、熱水器合約和房屋維修等細節都要兼顧，還要滿足房客需要，有時也不保證有穩定的租金收入，投資回報率並不高。需要努力工作、準備龐大資金、出售，以及漫長等待，若能得到5％的回報率，就算是相當幸運。

從美股賺1億×第⑨堂課

3個投資方法，搭配「複利循環」和「股息再投資」，會形成良性循環，並加速獲利，讓你的月收入至少增加1.5倍。

03

活用複利循環，
讓錢追著你跑

最強投資策略：
複利循環3模式

投資利潤會和時間成正比發展，沒有捷徑可走，簡單的投資公式就是儲蓄時間加複利。基於求人不如求己的原則，我們得知道如何管理自己的投資組合。再者，因為電腦很方便，我們可以比大多數對沖基金經理人，處理得更安全、迅速，也更有利可圖，可以穩當地讓自己的財富成長。

我認知的投資原則是穩和快。一般來說，穩就相對會慢，而如何奠定穩而快的投資方法，就是本章的主題，也是這本書的目的。

我看過一本非常珍貴的書，叫做《安全邊際》（*Margin of Safety: Risk-Averse Value Investing Strategies for the Thoughtful Investor, Seth A. Klarman , 1991, Harper Collins*），內容提到投資最重要的事就是安全性，它在這方面的確有很大的幫助。

投資要坐如鐘，立如松似般篤定，永遠只能接受小外傷，而不要冒險受內傷。因為在任何情況下，一點小外傷都不至於讓你驚慌砍斷手，時間往往能夠治癒一切傷痛。

整體來說，投資就像滴水成河，與時併進，投資風險會與時間成反比。左手牽住你的妻子，右手握住你的投資，這

是當代人「執子之手，與子偕老」的寫照。而投機是基於邏輯和希望的組合，既不是「薪水」，也不「保證賺錢」。

任何投資都是一體兩面，有時是轉機，有時卻是危機。投資就像生活的一部分，我們會不小心喝到黑心油，也無法預料恐怖分子會將世貿中心炸毀。如果你不願受傷或不想等待恢復時間，就必須為自己的投資組合核心下定位。

盡可能減少受傷的機會，並且胸有成竹，不輕易受外在影響，才能達到無後顧之憂的境界。千萬不要讓投資成為另一種生活壓力，我將在此原則下與讀者分享成果。

靠投資做到真正財務獨立

我們以安全高速達到財務獨立為最終目標，經過數年研討改進，認定**有3個模式可達到財務獨立，彼此之間互有交集：①吃紅 ②貼現 ③抽獎。**

吃紅就是購買股票，等待每月或每季配息。貼現是風險最小的股票期權，一般人認為期權很危險，但我使用的方式是經理人故意不說的祕密。事實上，它比買進持有股票更安全簡單。抽獎就是投機，投對時機也要憑點運氣，我們透過邏輯精算，更能有加分效果。每一種都應該永遠存在且彼此輔助，才能讓我們達到最終目的。

如果及早開始執行，股息一定會大於成本。想讓成本收益率大於100％，其實是可行的，關鍵就是不要中了獎就忘

記吃紅，或者不要只想吃紅不想中獎，必須根據步驟嚴格執行。

實施第1個模式或第2個模式，先以獲得股息收入和即時信用貼現，然後再執行第3個模式，以股票投機獲利。第2和第3個模式是基於極低或幾乎沒有成本風險的結構，最終將此3個模式同步進行，創造「渦輪複利」。經過數學計算，這種模式有驚人的超快速成長結果。

實際運行多年後發現，一旦精通這種簡單和容易掌握的方法，達到財務獨立的目標指日可待。「渦輪式循環複利法」是我的心得分享，以一般股息再投資會產生複利，而運用貼現和抽獎的「盈利再分配法」，則會相輔相成，加快獲利速度。我在第4章會詳細討論，現在先帶領讀者初步認識，簡單的說明如下：

模式1 　股息股（吃紅）

這些股票固定發配利息或股息，除了零存整付外，其他必須透過可靠的經紀人，購買以利息或股息收入為主的股息股。在美國有很多選擇，例如優先股、業主有限合夥（MLP）、封閉式基金（CEF）、商業發展公司（BDC）、債券（BOND）、信託（TRUST）和房地產投資信託（REITs）等。

我專注於免扣稅的公司或必須發放90%收益的企業，讓投資人用小資本也可以投資購物中心、辦公大樓、電影院

和醫院，不僅沒有出租房子的麻煩，而且每月或每季都有租金可拿。以下連結可提供讀者試算。http：//www.dividend-calculator.com/monthly.php?yield=5.5&yieldgrowth=2.2&shares=300&price=33.43&years=15&do=Calculate

| 模式2 | **賣看跌期權（貼現）**

獲得即時信用現金（大約30秒內進入你的帳戶），同時等待可能獲得打折的股票，此模式應與第1種模式所選的股票搭配。這種方法可用優惠價購買股票，是我們強烈推薦的方法，也是風險最低購買個股的方法。

一旦你改變觀念，基本上它的安全性比持有股票並等待配息更高。不僅可以增加一倍至三倍利潤，更能以主動積極的方式得到股息，更重要的是它能安全達成目標，並縮短等待時間。

大多數人誤認為期權是危險的代名詞，但其實這是唯一比持有股票更安全的方法，據說股神巴菲特所持有的股票，都是透過這種方法獲得的。

期權是定期權利，若合約到期，對方沒有執行，我們獲得的信用會變成現金，可視同利潤或股息。賣出賣權可即時獲得利潤，增加的利潤可再購買股票或作為月收入的現金。賣出期權（Selling Puts）或不行使期權，是這本書的主要價值之一，請了解並妥善運用。

　證交精算盤（抽獎）

我們定義的投機是指投對時機。時機有許多元素，例如新藥批准、新產品熱銷、季盈利公布期或市場回調等。**因為使用固定利息，就是以安全股息及賣看跌期權所得利潤的一部分當作本金，可以說是在零風險的架構上（非槓桿）進行投機交易。**

我們可以設定停損點，如果市場下跌到達停損價時，就自動出售，避免損失更多。這意味著我們可以掌握最大的損失範圍，也就是控制在從模式1和模式2所獲得的利潤範圍內。這是成功投資的重要方法，請讀者務必記住並遵守此規則。

初學者都會在同一時間交易一支股票，所以沒有損失本金的問題，更不會心神不寧。95％所謂的交易員，會因為在此遇到挫敗而放棄，從跳樓到被關押的消息都時有所聞。

長期才是投資重點，在可承受的風險內交易，絕不興起賭博心態，因為投機高回報也高風險。

第1個模式應反饋部分的高回報，第2個模式可增加資本，第3個模式當然會使得本金也增加。如此周而復始循環進行，方可生生不息，這就是我們主要的投資策略。

初期我會鎖定第1個模式的股息股交易戰略，證交投機則可選擇當日交易、波段交易、倒賣（若持有的股票上漲，

我們可因此得到利潤；相反地，當股價下跌時也能得到利潤，就稱為「倒賣」）、隔日沖（今天買進，明天就賣出，以獲得短期利潤的方式）等。但是不要忘了，不管在任何時間，第1個模式和第2個模式都必須存在。

我建立財務獨立的3個模式非常簡單，不論年齡，任何人都可以付諸實施，希望所有讀者都能從這個概念中有所受益。我們希望每位小朋友都至少有一個零存整付（DRIP）計畫，或每個家庭都至少有一種投資月收入的方法。我們將在第四章，詳細解釋這三個獨立又必須互補的具體策略，以及落實的步驟。

從美股賺1億×第⑩堂課

3投資模式可獨立運作，也可互相配合，是最安全又能快速獲利的投資方法。

圖解 3模式實務操作，加速獲利還能降低風險

　　我們的目標是**「以複利加碼投資至最快速，並將投機風險降至最低」**。辦法是執行「股紅渦輪循環複利法」及「盈利再分配法」，請見圖4。將方法1和2所得的1/3，分配給方法3，反之亦然（將方法3的所得分配給方法1和2），以此循環收益、分散風險，自然會快速穩定成長。

圖4　渦輪循環複利和盈利再分配法示意圖

固定收益股息股
成本來自賣看跌期權。可將所得的1/3投資證交精算盤（每天交易）。
→零風險投機

賣看跌期權
可將所得分配投資固定收益股息股和證交精算盤。投資證交精算盤的利潤，可再用來賣看跌期權，以此循環。
→最低風險

證交精算盤
成本來自股息股和賣看跌期權的所得。可將所得的1/3，分別再投資固定收益股息股和賣看跌期權。
→零風險投機

可以參考圖5的投資比例：股息股35％，賣看跌期權35％，證交精算盤20％，現金10％。

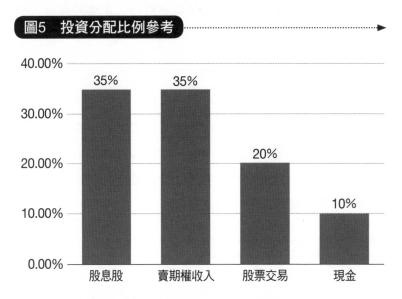

圖5　投資分配比例參考

渦輪循環複利和盈利再分配法，能幫助我們建立自己的聚寶盆，以下3個方法可提供參考。

投資方法1

將資金用於購買銀行存單（certificate of deposit）、債券（government bonds，主要有聯邦債券、州政府債券和公司債券），或投資固定收益股息股，可用所得投資證交精算盤（也就是每日交易，可低買高賣並設下停損點，讓最大損失僅是月收入所獲得的利潤），或者將其集合，形成一筆可供調度的現金。

這兩筆利潤會成為總資金，可再度分配投資項目，或者回到原本的聚寶盆裡。用此方式循環獲利，**重點是將部分純利潤拿來購買永久保留的固定收益股息股，再將收益放入聚寶盆。**

放進口袋的錢才是自己的，千萬不要再拿出來，它就像把錢放在妻子口袋一樣，只准進不許出。聚寶盆裡永久保留固定收益股息股，讓它變成穩定成長的股息成長股，是我們的目標，也是本書最重要的概念。這是極保守的策略，一旦全面落實，將會有令人難以置信的成長幅度，就像竹子的成長過程一樣，時間較長但風險極低。

圖6　DIY聚寶盆（較保守）

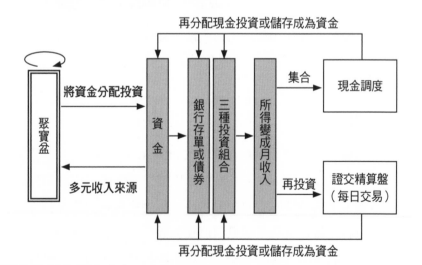

投資方法2

　　繼續進行第一種投資方法，並將資金用來賣看跌期權和購買打折股票，所獲得的利潤再用來賣看漲期權。將所得集合形成一筆可供調度的現金，或者可再投資證交精算盤。再分配投資這些利潤，成為聚寶盆的收入來源。

　　和第一種方法的目標一樣，**重點是用部分純利潤購買永久保留生息的股票，再投入聚寶盆，在聚寶盆內永久保留股息成長股**。此方法為最安全又快速的方法，我精通並強烈推薦。

圖7　DIY聚寶盆（最快速）

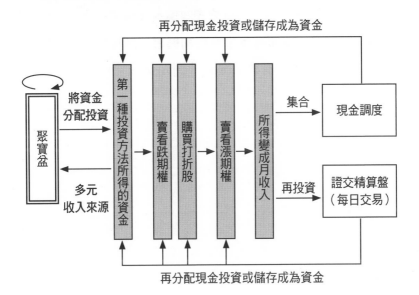

這種投資方法最安全又快速。用第一種投資方法獲得的利益，逐次購買3種股票：固定收益股息股、高殖利率類股和總回報類股。可永久保存，再放入聚寶盆中，即可獲得每月收入。搭配賣看跌期權，信用現金會瞬間入帳，成功率達85％。然後可再次將你的所得分配投資。

若想投入證交精算盤，同上述說明，可用月收入的利潤投資，低買高賣並設下停損點，讓最大損失僅是月收入所獲得的利潤。

投資方法3

將第一種投資方法所得的資金投入股票交易，同前面兩種方法的概念，**用部分純利潤購買永久保留生息的股票，再投入聚寶盆。讓聚寶盆本身複利循環，然後再進行每日交易。**此方法強烈重視專業培訓，例如資金管理、風險管理等。

圖8　DIY聚寶盆（需專業培訓）┈┈┈┈┈┈┈┈┈┈┈┈┈┈┈┈┈┈→

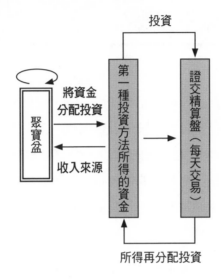

投資

聚寶盆

將資金
分配投資

收入來源

第一種投資方法所得的資金

證交精算盤（每天交易）

所得再分配投資

長期投資零存整付，
50歲退休不是夢

　　大多數的美國家庭，當孩子出生時，父母或祖父母就會為孩子購買零存整付。美國的社會保障一直做得很好，每個月的福利金可保障退休後的生活，但它有短缺的現象。因此，購買零存整付有其必要性。這是應該長期投資的類型，基於美元在全球通貨地位，和美國投資市場的安全性，華人可以考慮此項投資。

　　零存整付就像滴水穿石，需長期投資，可視為安定家庭的必要保護傘，也是目前最不用擔心的投資方法。事實上，它被認為是幾乎零風險的投資方式。

　　我們可從點擊http://www.computershare.com/us/Pages/default.aspx網站了解。每月資金從20美元到100美元都有，因為自動運用愛因斯坦複利公式，透過節省小額花費的方法，可創造出驚人的結果。

　　基本上，不需經由券商帳戶，也不用透過經紀人和支付佣金，你可以自行購買、加買並用股息再投資。除了某些固定費用外，無需額外支出，一旦建立帳戶，可完全自動進行。

　　但是每家公司的零存整付計畫都不同。有時他們甚至不收任何費用，例如，用每月股息再購買或隨時增加更多的資本等手續，只有賣股時才會收費。請參考下表，可計算出零存整付的長期收益。

資本	代號	年利	年利增長率	月投資	長期投資（以33年為例）	日期
15,000美元	T	5.7%	7%	50美元	1,015,024.47美元	12/25/2014

資料來源：http://www.hughcalc.org/drip.php計算器

　　年利增長率是快速成長的關鍵之一，如果公司不能做到年年增長，我們可以人工方式，每年或每季甚至每個月增加投資率，也能有相同功能。

零存整付是必要的投資方式

　　節約儲蓄是人人都知道的概念，也是華人的天性，你可以將零存整付當作退休金或是給後輩的禮物。美國零存整付的計畫，因證交所禁止宣傳，所以知道的人並不多。以下舉兩個例子說明：

①過去30年投資寶潔（PG）。如果我們從500美元開始投資，並每月追加50美元，每年每月增加10美元，你的帳戶可成長為400,000美元。
②麥當勞（MCD）比寶潔更好。你的帳戶會在20年內成長15萬美元。

請把零存整付的資本當作是生活費用，而不是投資，這是一個非常重要的概念。 將它視為生活費用是理所當然的，可以讓你在不知不覺中省下可觀的數目。就一個年輕投資者而言，只要每月節省20美元投資零存整付，它將提供驚人的成長結果。目前只有少數幾家公司提供不收取手續費的零存整付計畫，你應該仔細選擇。

　　除了一般的退休計畫（退休金），50萬美元的零存整付，會是送給自己很好的一個禮物，甚至你應該考慮為孩子或孫子設定零存整付計畫。以下兩個例子，將讓你看到零存整付帶來的驚人成果。

　　第一個例子：1萬元的投資可賺得10％的年收益率，而且每年產生8％的資本收益。超過30年，穩定的複利會產生驚人的效果，如果你以單利兌現所有的股息支票，30年後你會獲得22,972美元。

　　但是，如果你再繼續投資，最初的1萬美元將膨脹到超過1,700,000美元。假設不再投入其他資本，在30年後的年底，每年股息就會超過17萬美元。換句話說，你的年股息收入將達到1萬美元的17倍。

　　第二個例子：以1萬美元的投資。在投資組合中賺取6.3％的平均收益率，這數字表示你將獲得630美元的股息收入。如果你有耐心，10年後將看到可觀的股息。1萬美元的投資在10年內，將獲得6,300美元的股息，也就是63％的利

潤，這個數字不含任何資本收益，也不包括任何股息增加，如下表所示。

成長金額	1月	1年	5年	10 年
10,000	52	630	3,150	6,300
25,000	131	1,575	7,875	15,750
50,000	262	3,150	15,750	31,500
100,000	525	6,300	31,500	63,000
200,000	1,050	12,600	63,000	126,000
500,000	2,625	31,500	157,000	315,000
1,000,000	5,250	63,000	315,000	630,000

＊單位以美元計算

零存整付可細分為三個的類型：

①公司經營

由公司自己提供發配股息的再投資計畫。用公司經營的股息再投資，單純地從公司總部管理，一般多由網站投資關係部進行。

②第三方經營

有一些自己不能運作零存整付資源的公司，選擇與第三方金融機構合作，以運作零存整付計畫，通常也被稱為轉移劑，讓金融機構代表公司執行。這種方法有

時更具成本效益。

③券商經營

透過經紀公司設置股息再投資，你可以要求經紀公司
將你應得的股息再投資。

零存整付有以下幾項優勢：

①可隨時解約也不會扣除已賺得的利息。

②當投資者進行購買股息再投資計畫，通常收取少部分
或根本不收佣金。

③如果投資者不希望用100%的股息再投資，可要求一
部分發放現金股息，具運用靈活性。

④不必擔心資金不足以購買整數股，投資者可購買額外
零散股份。例如，可購買零星股9.25股。

⑤定期投資少量金額，長期來看，這將會是你的優勢。

⑥有些公司偶而會提供折價股給投資者，這些折扣有時
甚至低至1%，有時則可能會高達10%。

最受歡迎的零存整付標的

特別要注意的是，不是所有提供零存整付的公司，都是
好的投資標的。我們需要從基本面小心研究，其收費方式各
有不同：

- Dr. Pepper（DPS）收取15元開戶費，之後所有現金購
買都免費。

- Exxon Mobil（XOM）沒有開戶費，每月定額購買和
用利息再投資都免費。
- Johnson & Johnson（JNJ）沒有開戶設置費，每月定
額購買免費。如果用利息再投資，成本是1.00美元。
- Clorox（CLX）收取15美元開戶費，之後每股收取
0.03美元的費用。
- The Procter & Gamble（PG）可供投資者免費購買，
是最受歡迎的標的之一。

投資分散在不同時段和不同股票價位，經過長期複利效
果後，資產會加速增加，但有兩件事情要特別注意：

①**投資者無法用指定價格購買股票。**你可設定任何一
天，由帳戶中取錢購買股票，股價為當天收盤價，但
是每家作法不盡相同。

②**賣出股票不是免費。**例如，賣出Exxon Mobil（XOM）
股票，將被收取至少15美元，另加每股0.12美元的費
用。如果你不打算持有至少兩年，這種投資通常是不
值得的。

> **從美股賺1億╳第⑫堂課**
>
> 零存整付風險最低，也是作者極力推薦的投資方
> 法，投資少量金額並長期持有（至少2年），可
> 獲得驚人的股息。

穩定收益先入袋為安，
再用配息投入其他投資

創造月收入的主要目標是配息再投資，可以每月取出部分作為生活費，剩下的經由複利再投資。我們將會以股息和股利為核心，這兩者不同，前者是固定的、必須的，後者則是仰賴公司盈利，所以時多時少。你不用心急，請記住竹子的生長速度，將會發現驚人的結果來得比想像中快。

根據美國法律（IRS）規定，必須分配90％的應納稅所得額，給投資房地產信託基金的股東，所以股息比率比一般研發公司高。

一般研發公司有很大的經濟負擔，難以支付大量股息，而出租房地產的房地產業主公司，以長期三重淨租賃（triple net lease）的方法收取租金（編按：REITs的投資組合通常分為兩部分：物業管理和三重淨租賃。物業管理是由物業管理公司經營，三重淨租賃是由公司出租給租戶）。

這種類型的租賃結構，要求承租人支付房地產稅、建設保險和公共區域的維修費用。因此，業主僅支出很少費用，便能每月收取固定租金，也可以預期固定股息，這就是我們把它叫做「月收入」的原因。這些種類的股票是我們的首要

選擇，也非常適合新手投資者。

截至2014年1月31日，美國證券交易委員會統計，在美國註冊的房地產投資信託有204家。房地產投資信託一般分為三類：房地產股權、房地產抵押貸款，以及兩者混合體。以下公司必須將至少90％的收益，分配給投資者：

- 房地產投資信託（REITs）：以房地產業主和房貸金融為主。
- 商業發展公司（BDC）：以貸款融資公司為主。
- 業主有限合夥（MLP）：以石油和天然氣探勘和運作管理為主，雖然不屬於法律規定須分配90％收益的公司類別，但它的高股息加上延稅資本回報（Return of Capital）也能提高投資者收益。

除了固定月收入，我們格外專注**醫療保健類的個股，它們是成長股，能提供穩定高收益，且因應高齡人口迅速增加，股息和資產利得（資產本身的市值增幅）都會隨之增加。**

此外，我們從最重要的分析和經驗得到一個結論：**出租地產和醫療保健地產，與股市波動關係較小，在投資奠定基礎之後，可再考慮投資較高收益股及高價差股（高殖利率股）。**

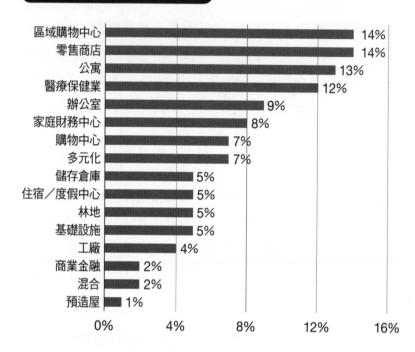

圖9　REITs的投資類型比例

- 區域購物中心 14%
- 零售商店 14%
- 公寓 13%
- 醫療保健業 12%
- 辦公室 9%
- 家庭財務中心 8%
- 購物中心 7%
- 多元化 7%
- 儲存倉庫 5%
- 住宿／度假中心 5%
- 林地 5%
- 基礎設施 5%
- 工廠 4%
- 商業金融 2%
- 混合 2%
- 預造屋 1%

0%　4%　8%　12%　16%

REITs的項目眾多，就算是小股東也可以享有多元投資。

　　如果想選擇交易成本最低的安全投資方式，可參考以下實例並自行比較，選擇適合你的證券公司。

券商	股票佣金（美元）
E*TRADE	9.99
eOption	3.00
Fidelity	7.95
Firstrade	6.95
Interactive Brokers	1.00
Just2Trade	2.50
Merrill Edge	6.95
OptionHouse	4.75
OptionsXpress	8.95
Schwab	8.95
Scottrade	7.00
ShareBuilder	6.95
SogoTrade	3.00
TD Ameritrade	9.99
TradeKing	4.95
Vanguard	20.00
Wells Fargo Advisors	8.95

＊我們僅僅是IB盈透證券的客戶，僅供參考，不做廣告推薦。

不用透過經紀人，也能自己開戶

我們推薦IB盈透證券（Interactive Brokers），它在納斯達克上市，股票代碼為IBKR（官方網站：www.interactivebrokers.com，業內簡稱IB或IB盈透），且有中文平臺。一旦習慣此交易平臺，就不需要經紀人提供額外資源，此平臺具備下列優勢：

①最低的交易成本。

②帳號安全。

③簡單、可客製化的界面。

從美股賺1億 × 第⑬堂課

在人口高齡化的趨勢下，醫療保健產業的收益利潤會穩定成長，較不易受市場波動影響。投資該產業房地產信託基金，是新手投資人最好的選擇。

04

3投資組合讓20歲到60歲的你，都能做到財務自由

建立適合自己個性的投資系統

投資風險很多，包括：不知道有哪些投資管道、如何選擇投資管道、如何落實投資等。因此，每個人必須建立一套適合自己個性的投資系統。幸虧我們不需要花費數年，在學校學習如何投資或交易，圖10可提供讀者參考，並從中找到適合自己的投資管道。謹慎選擇，進而逐步落實，終將能夠踏上通往財務獨立的道路。

圖10　3投資組合，建立自己的聚寶盆

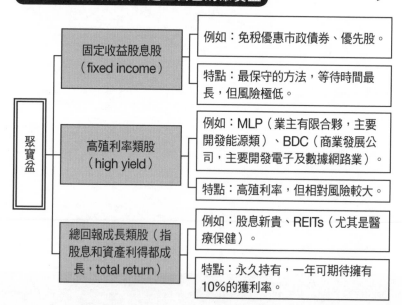

聚寶盆	固定收益股息股（fixed income）	例如：免稅優惠市政債券、優先股。
		特點：最保守的方法，等待時間最長，但風險極低。
	高殖利率類股（high yield）	例如：MLP（業主有限合夥，主要開發能源類）、BDC（商業發展公司，主要開發電子及數據網路業）。
		特點：高殖利率，但相對風險較大。
	總回報成長類股（指股息和資產利得都成長，total return）	例如：股息新貴、REITs（尤其是醫療保健）。
		特點：永久持有，一年可期待擁有10%的獲利率。

股市流傳著一句話：「當錢已經在你的口袋裡，才可以說已經賺到了。」美國股票可以只購買1股，這是一個很好的消息。我們可用每月或每季分配到的股息收益、賣看跌期權的所得和證交溢價，將所得的純利潤購買能永久持有的股息成長股。

正是基於此概念，我們在聚寶盆中放置零成本且永久持有的優質股息成長股，每月或每季還能因此產生利潤，才是真正生生不息的聚寶盆。

現在，我們將一步一步討論如何落實。首先，思考為什麼投資。因為想要、需要還是必要？心態會影響你的投資路徑，行動會受意識或潛意識影響。然後，確定哪個類股是目前最適合，也是長期投資最好的選擇。接著，決定你的股票獲取策略。

在股價回調與賣看跌期權之間選一（巴菲特喜歡用賣看跌期權的方式購買股票，因為可以打折。那些以股票價值為考慮重點的投資者，可等待股價回調到低估點時才購買），並決定如何管理月收入。設立三個投資組合：①固定收益股息股、②高殖利率類股、③總回報成長類股，就如同三足鼎立。

圖11　月收入執行圖

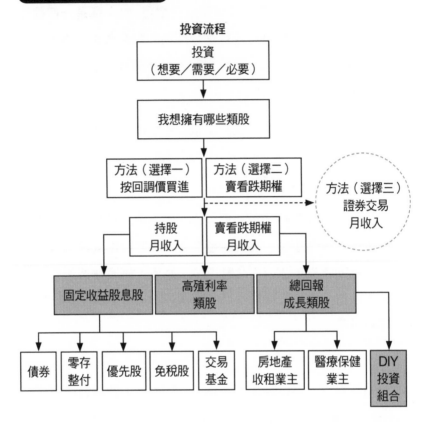

以下為讀者介紹3種投資組合，可當作DIY聚寶盆的投資參考。

投資組合1　固定收益股息股（fixed income）

如債券、零存整付、優先股、免稅股、股息交易基金。我們已經討論過零存整付的觀念，而銀行存單雖然最保守，

但不在討論的範圍內。基本上，啟動初期只需要考慮最安全收利息的類股，例如優先股、免稅股、市政債券、公司債券和股息交易基金。

投資組合2　高殖利率類股（high yield）

例如，業主有限合夥（MLP）和商業發展公司（BDC），都是最好的選擇。擁有高殖利率，但相對波動性大，風險也較大。

投資組合3　總回報成長類股（total return）

選擇趨勢所往和波動性較小的類股，例如房地產收租業主和醫療保健業主。房地產收租業主不是房地產抵押貸款，不要混淆了。當房地產收租業主，租金會逐年穩定增加，隨著老年人口日益添加，醫療保健需求也與日俱增。基於供需原理，可選擇這個股群，但它確實有飽和周期的問題。

下表是我們所有投資和交易的類別，集中說明主要項目和採樣例子，希望讀者可以舉一反三。利潤率會因價格變化而改變，此表僅供參考。

投資			交易		
項目	年度預測利潤	風險	證交精算盤（每日交易）	交易頻率	年度預測利潤
零存整付	4～5%	小	定位	1～5次／年	10%／年
優先股	8～9%	小	波段操作	1～5次／季	10%／季
房地產投資信託	8～13%	小	隔日沖	2～5次／天	10%／週
企業發展有限公司	8～9%	小	當沖	5次／天	5%／天
業主合夥有限公司	8～9%	小	急速小額交易	>5～30次／天	>10%／天
高收益銀行存單	1～3%	小			
版權收入信託	4～5%	小			
一般信託	5～7%	小			
債券	3～4%	小			
稅收留置權	14～24%	小但最忙碌			
賣看跌期權	15～30%	最小			
賣看漲期權	8～15%	最小			

註：稅收留置權（Tax Lien）目前僅存於英美系國家。

從美股賺1億✕第⑭堂課

投資穩定發放股息的股票，再用所得去投資高殖利率類股的公司。讓錢自己去賺錢，就能輕鬆打造出永遠的聚寶盆。

投資組合 1
投資固定收益股息股

首先我們知道有3個投資選項：債券、優先股和封閉式基金。近年來，我們分配較多資金在優先股基金和封閉式基金上，保證收益的固定股息相當穩定。

大體上，債券也應該包括在你的投資組合內。例如 iShares 20+ Year Treasury Bond（TLT），今年獲利就有26.79％。但由於目前債券大多表現不好，你可以分配較少的投資金額，之後再做調整。

你也可以從這裡開始DIY自己的聚寶盆。此方式為**固定利率投資，需要較長時間，但符合保守投資者的需求**。我們強烈推薦從這裡開始，至於債券分配，請參考下表。我們可以根據年齡選擇長短期債券、國債（Treassuries）、財政部通貨膨脹保護證券（TIPS）、公司債券（Corporate Bonds）和國際債券（International Bonds）。

國債	公司債券	財政部通脹保護證券	國際債券
30%	30%	30%	10%

＊因市場價格每日都在變化，此表僅供參考。

🪙 美國國債

美國國債是最安全的債券王，因為美國政府保證支付利息。有以下幾種形式：

形式	屬性
T-Bills（Treasury Bills）	為短期債券，期限有13週、26週、一年。
T-Note（Treasury Note）	屬於中期債券，期限一般為2至10年。
T-Bonds（Treasury Bonds）	長期債券，期限為10年以上。
零息債券（Zero-Coupon Bonds）	零息債券沒有任何利息，但仍有利潤。
抵押貸款支持證券（Mortgage-Backed Security）	由政府機構擔保的最佳代表。
公司債券（Corporate Bond）	大部分都以1,000美元面值發行，期限一般介於1至20年，從幾個星期到100年不等。
市政債券（Municipal Securities）	美國最受歡迎的避稅方式之一。這是由州和地方政府機構發行的債券，一般為5,000美元以上面額，期限為30年或40年。

＊備註1：延稅帳戶指可以延緩繳納資本利得稅（Capital Gain Tax）的帳戶，但是零息債券的價格極不穩定。

＊備註2：抵押貸款市場在2007年年底發生危機，這給投資者一個警訊，不可忽略這類債券的風險。

特色
你可用打折後低於1萬美元的價格買到它們，到期後獲得完整的1萬美元面值。
每半年支付固定利率，最低投資額1,000美元或5,000美元。
每半年支付利息，以1,000美元面值出售。
通常可透過債券經紀人或交易商，以低於票面價值的折扣價買進，該證券在6個月內至30年，可按票面價值贖回。最好將它們放在延稅帳戶（Tax deferred account）＊備註1
是由政府國民抵押貸款協會（Ginnie Mae）、聯邦住房貸款抵押公司（Freddie Mac）發行或擔保的抵押貸款所有權股份。＊備註2
高品質的公司債券被稱為「投資級」債券。若信用評等較差，違約風險貼水（利差）也較高，故發行的債券被稱為「高收益債券」（High Yield Bond）或「垃圾債券」（Junk Bond）。＊備註3
購買者可獲得利息收入，可免繳聯邦稅，如果你住在該州，該州和地方稅也可免繳。

＊備註3：高收益債券的特性是信用評等愈差，則違約率和信用利差將愈高。大批投資人追求高收益，會使得垃圾債券的規模持續擴大。

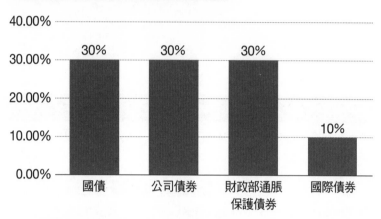

圖12　建議投資債券比例（60歲）

國債 30%	公司債券 30%	財政部通脹保護債券 30%	國際債券 10%

＊因市場價格每日都在變化，此表僅供參考。

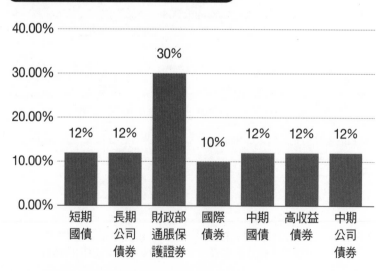

圖13　建議投資債券比例（30歲）

＊因市場價格每日都在變化，此表僅供參考。

通貨膨脹時利率會上升，由於利率與債券價格存在著反比關係，通貨膨脹會使得投資者持有的債券價值減少。為了克服這個障礙，投資者可以購買與通貨膨脹相關連的債券，例如，財政部通貨膨脹保護債券（TIPS），就是一種流行的保值投資，因為它們通常緊盯著消費物價指數。

當指數上漲，財政部通脹保護證券不僅增加基值，利息也跟隨基準值而上升。其他種類的通脹保值債券，也可提供相同的保護，我們建議選擇市政債券，原因如下：

①市政債券提供穩定的收入。
②市政債券可以是安全的投資。
③市政債券一般不繳納聯邦稅，有時甚至免繳納州稅。
④債券確實是一個全面收益投資組合的方式。

市政債券ETF是我們喜歡的投資選擇，例如IIM、NQU、MVT、BLE和AFB都是。由當地政府機構發行的市政債券，提供我們眾所期待的公共設備，如道路、橋樑、淨水和汙水處理設備、垃圾清理服務、學校和公園等，政府利用未來的稅收保證，還清這些債務的利息和本金。

然而，投資者務必更深入了解一種情況。當債券到期，該債款是由未來的稅務收入做保證，聯邦政府鼓勵我們透過個人所得稅納稅，申報利息免稅。這可能出問題嗎？

嗯，這可能會出問題，最重要的是如果地方政府破產，

將不同於聯邦政府。地方政府不能印鈔票，但可以申請破產。最近地方政府破產的例子不少，包括底特律、聖貝納迪諾、馬麥斯湖、史塔克頓和傑佛遜郡，有許多地方政府還一直掙扎到現在。

事實上，良好質量的市政債券，實際違約比例非常低。在過去的40年中，1萬個評估（A，AA，AAA）級的市政債券，平均只有2個違約。

市政債券免稅，如果市政債券的年利息為5％，應納稅所得額等於7％～8％。每個人都有不同的稅率，所以5％的免稅是等於7％～8％的股息，由此也可看出市政債券的合法好處。

下表列舉4支標的的實質收益率和建議購買頻率等資訊，提供讀者參考，按2015年9月4日整理：

代號	價格	收益率	每股每月收益	頻率
IIM	15.62美元	5.60%	0.070美元	每月購買
MVT	15.41美元	6.60%	0.083美元	每月購買
NQU	13.53美元	6.10%	0.069美元	每月購買
AFB	13.26美元	6.00%	0.066美元	每月購買

＊過去的表現並不保證未來，所有本書實例僅供參考。

市政債券基金很安全，收益相對比較高，雖然只有一點
點股價成長力，但有很大的賦稅優勢。請記住，這些市政債
券基金的利息收入若有6%，就真的是6%，完全免稅。很多
地方政府都有市政債券基金，你可以在網路上搜尋、做點功
課，得到最好的訊息。

債券投資不是我們的討論重點。如果你對這個方面有興
趣，可以進行更多研究。在下一節，將討論更多封閉式基金
的細節，不要忘了用利潤來購買這些高收益股息股。

封閉式基金

如第53頁所述，封閉式基金（Closed-End Funds）類似
於傳統的開放式基金（Open-End Funds）（事實上，共同基
金〔Mutual Funds〕是開放式基金的暱稱，共同基金往往是
指開放式共同基金）。兩者相較之下，我們更推薦封閉式基
金。

主要區別在於，**共同基金發行股數會隨著投資者購買新
股或贖回舊股，而每日變動；封閉式基金則透過首次公開募
股（IPO），出售固定數量的股份。對封閉式基金的購股人
必須從現有股東手上購買，股東想賣股則必須尋找買家。**大
多數投資人會將資金投入已上漲（高於IPO的價格）的共同
基金中。

為了獲取固定利率而購買的封閉式基金，不宜用於交易，因為交易量很小，所以發行封閉式基金後，發行量不再增加（也就是基金發行關閉〔Closed〕的意思）。

之後，買方必須從目前的持有人手上購買，使得新的買家有機會買到比原來價格更低的股票。有時投資人急需用錢，即使已獲得足夠利息仍急於拋售，因為交易量少，所以必須減價出售以便成交。

封閉式基金更具優勢

對投資人而言，傳統的共同基金不具有這樣的優勢。投資人只能買到價格已經上漲的基金股票，且因為交易量大，賣家隨時有人接手，沒必要削減價格出售。

傳統共同基金的投資人會迫使基金經理高買低賣，封閉式基金經理則沒有這樣的問題。他們投資固定的金額，對於專注股息的投資人而言，穩定性良好。

封閉式基金的另一個優勢，是直接反應出基金的淨資產價值（Net Asset Value, NAV，又稱淨值），就是總資產減掉總負債後表現在每股上的價值。舉例來說，如果一個基金具有5,000美元的資產，並有100股，它的淨資產價值是每股50美元。

傳統共同基金的交易價格，總是在淨資產價值之上。封閉式基金交易，則很少在股票價格上反映供需關係，相反

地，比較容易出現溢價（premium）或折價（discount）交易（編按：溢價指的是買賣價高於基金的淨資產價值，也就是買家多於賣家；折價則是相反的情形）。

好消息是，大多數基金在折扣點交易，比淨資產價值低5％至10％。這對投資人尤其重要，因為可以用90～95美元投資，得到100美元所產生的收入。

以封閉式基金投資市政債券，股息是免稅的。**這類封閉式基金的優勢是流動性高，沒有最低投資額，並更加多元化。**此外，某些部分或全部收入可以免徵州稅。缺點是，封閉式基金價格可能超過淨資產價值。請記住要購買低於淨資產價值的封閉式基金，並且可以向你的會計師查詢其他方面的稅收。

投資封閉式基金有三個因素：槓桿、分配政策和資本回報，以下將逐一說明。

要素1 財務槓桿

很多封閉式基金採用槓桿，也就是借錢來投資，以增加收益。以數學方式計算，若你借到4％的短期利率，長期回報利率達7％，則每年能獲得3％的收益，這是個偉大的槓桿理論。

前提是短期和長期利率之間的利差沒有縮水太多，但預測利差很困難。如果能獲得3％的回報，代表利潤空間大，

但在一般情況下，價差小於0.25％，利潤不多，因此我們應該選擇利潤空間大，也就是價差大的封閉式基金。

要素2　分配政策

不像傳統的共同基金，**封閉式基金不支付所得稅，所得稅會分配給股東**。但由於資本收益變化不可預測，使得股息同樣難以預料。因此，有一些基金設立管理分配政策，使分配更加穩定。在這種情況下，基金分配會佔淨資產的一定百分比，而不是依據實際的利息收入和資本利得。

要素3　資本回報

如果基金沒有足夠收入來支付股息，它會動用本金，而降低了資產價值，股息會變為「資本回報」。如果一個基金的淨資產價值減少了，盈利能力就會降低。一般情況下，市場價格和淨資產價值接近一致時，基金會出售資產，以資助付出的利息。

投資封閉式基金，可有連綿不斷的收入

封閉式基金的每年平均股息率為8％，你可以點擊http://www.cefconnect.com，獲得更多的訊息。不像傳統的共同基金，封閉式基金是為固定收益而設立，不適合交易，所以基金經理不會因為市場恐慌連帶影響業績，而更正或清算資產贖回。

投資封閉式基金要注意以下6件事：

①**多元化**：建議規畫10或12個封閉式基金的投資組合。例如股票、債券／信貸證券、公共基礎設施、能源發展、優先股收益、浮動利率收入等多元化的投資組合，總體波動性較低，且同時擁有連綿不斷的收入。

②**積極管理**：購買價格低於淨資產價值的封閉式基金，等價格大（等）於淨資產價值才出售。

③**月收入（或季收入）**：可取用或再投資。

④**成功關鍵**：衡量投資組合的平均淨值增長。換句話說，永遠保持平均淨值大於購買時的平均淨值（平均淨資產價值是總淨資產價值除以總股數）。

⑤**缺點**：大量資金投入時要注意，會有1％～1.5％或以上的管理費。

⑥**對沖**：可平衡牛市和熊市。相較於其他的基金，對沖基金（Hedge Fund）的利潤反而更高，可以視為正向、逆向同時操作。

建議投資月收入2倍槓桿封閉式基金ETN（NYSE：CEFL）（2倍槓桿是2×Leveraged，是指槓桿的雙倍速度，和ISE高收入指數〔ISE High Income™ Index〕相比，該指數可衡量美國遴選出的30個封閉式基金表現。例如，當指數上漲5％，2×槓桿就上漲10％）。這個方法能提高投資組合的整體收益率，大約佔現金帳戶的15％。

以下列舉8支基金標的的每月收益分析，按2015年9月4日整理如下，並提供筆者的參考組合，僅供參考。

代號	類別	價格	收益率	每股每月收益	頻率
GHYG	交易基金	49.35美元	4.92%	每月不同	每月購買
HNW	封閉式基金	15.03美元	10.85%	有時不同	每月購買
DNP	封閉式基金	9.53美元	8.18%	0.065	每月購買
FPF	封閉式基金	21.64美元	9.03%	0.163	每月購買
NMZ	封閉式基金	13.60美元	6.79%	0.076	每月購買
PCI	封閉式基金	19.05美元	9.10%	0.156	每月購買
PDI	封閉式基金	28.13美元	8.96%	0.21	每月購買
PFF	封閉式基金	38.86美元	6.13%	每月不同	每月購買

	基金代號	基金的組成	發放利率
1	DNP	80% 公共服務	8.18%
2	NMZ	市政免稅	6.79%
3	PCI	全球收入，包括企業債、抵押貸款相關和其他資產支持證券	9.10%
4	PDI	債務和其他收益證券	8.96%
5	PFF	90% 優先股（這是一個ETF，而不是CEF）	6.13%
6	FPF	優先股CEF	9.03%

＊每月配息ETF的完整列表可參考http://etfdb.com/complete-list-of-monthly-dividend-paying-etfs/.

📃 優先股

優先股雖然和股票一樣可被交易買賣，但實際上優先股代表的是債務，而不是所有權。**我們購買優先股只是為了穩定的股票收益，而不是為股價收益。優先股可以產生很穩定的收入，收益率通常是4%～8%，優先股持有人通常比普通股持有人，有更好的投資安全保護。**

優先股通常發行25美元面值（par value），有時也會發行不同數額面值，包括10美元、50美元或100美元。發行優先股的同時，公司會宣布股票票面利率以及隨之而來的年度股息。

年度股息就是面值乘以票面利率。例如，一家公司要發行優先股，宣布每年配息2美元，則收益率約為8%（因為2美元÷25美元=0.08%）。一旦優先股開始交易，每年的配息不會改變，但股價會變，所以收益率可能會不同。

優先股的股息是累積而來的

以25美元發行的大部分優先股，將在23美元和27美元之間交易，視市場情況和投資人情緒而定，優先股股價會有小範圍的浮動。如果優先股的交易金額為26美元，那麼目前的收益率將是7.69%（2美元÷26美元=7.69%）。

然而，優先股股息還是要由公司董事會按月、季或年「宣布」（不像規定股息的債券），但是優先股股息通常不會改變。**優先股的股息非常安全，因為他們在普通股之前支付股息。優先股的資本結構高於普通股，所以如果破產，對於公司的資產分配，優先股的股東優於普通股的股東。**

　　優先股股息通常也是累積的，這意味著到時如果該公司不支付其承諾的股息，投資人稍後仍然會獲得，未支付部分會被認為是「紅利拖欠」。但你得確保你選的是「累計」（accumulative）的優先股，看它是否具有此附屬功能。如果它是「非累計」的優先股，沒有支付的股息將可不被彌補。

　　大多數優先股是可贖回優先股。可贖回優先股有一個贖回價格（call price）和贖回日期（call date）。**在贖回日期之後，投資者會有以贖回價格買回優先股的權利。**這是一般人少知的，也是這本書的重點，**投資者可以有第二次機會，購買比面值低的股票。**

　　例如，我們可以以24美元購買25美元的優先股，除了每月股息，如果發行公司或銀行贖回，則我們會獲得25美元。投入的資金不僅會退還給投資人，還會增加1美元。不過公司沒有義務一定要買回贖回日期之後的優先股，許多優先股在贖回日期過後10年，都沒有贖回。

　　當利率下降時，一家公司最有可能贖回它的優先股，因

為公司可以再發行新的優先股，以獲得更便宜的債務。如果你的優先股被贖回，你會收到股款並加上未支付股息。如果你買的價格低於贖回價格，就會有利潤，如果買了高於贖回價格的優先股，則可能會賠錢。

購買優先股時要先弄清楚潛在的收益率

如果你正在考慮購買高於贖回價格的優先股，首先應該弄清楚，自己潛在的收益率對贖回價格的關係。例如，假設你考慮支付每股26美元的優先股，以及支付每年2美元的股息，而兩年到期的贖回價格是25美元。如果贖回發生，你的每股會損失1美元，但在此期間，你會賺4美元股息。

因此，你的回報率對贖回價的關係（平均年回報率，直到贖回日）是5.82％，高於7.69％（2美元÷26美元），回報率雖低一點，但還過得去。

有些優先股也有到期日，在發行日期後30至100年之間，到期後優先股必須被贖回。有一些優先股可轉換，這意味著它可以在指定日期之後被轉換為普通股，這個選項讓優先股股東有更多的發展空間。但優先股有一個缺點，那就是持有人不具有普通股股東的投票權。

理論上，優先股和普通股一樣容易購買和出售，但最好避免持有日交易量低於4,000股的優先股，因為可能難以用理想的價格買到或賣出，尤其當你趕時間出售時。

投資優先股要考慮其年度股息、贖回日和到期日，它們是否可累積或轉換，以及是否擁有15％的股息稅稅率，這些條件都必須要考慮清楚。

因為利率低，現在是購買銀行優先股的最好時機，我們以富國銀行作為例子。富國銀行的利息是公開的（https：//www.wellsfargo.com/invest_relations/overview），但有法規管制不能廣告促銷，這也許是為什麼只有少數人知道，可用優先股賺取比存單利息更高股息的原因。

定款利率	最高：0.05％	2014年11月更新
儲蓄帳戶	最高：0.10％	2014年12月更新
貸款	從：4.209％算起	2014年11月更新
信用卡	從：10.15％算起	2014年11月更新

富國銀行的優先股和信託優先證券，有一些在紐約證券交易所上市，像股票交易一樣，我們可以很容易地購買。此時（2015年初）我們正在考慮購買更多優先股，例如：WFC-PO、BAC-D、PNC-Q、HCN-I、HCN-J等。

🎒 指數股票型基金

　　付息分紅的股息股比不配息個股利潤高，戴維斯研究公司（Ned Davis Research）發現，從1972年到2014年3月，S&P 500股票平均每年支付9.3％的回報率，遠遠超過了未支付股息股票，平均2.4％的上漲年回報。

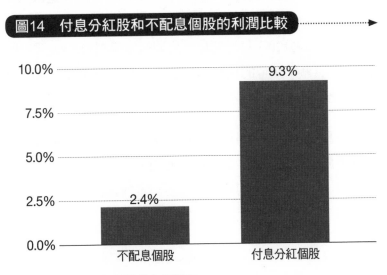

圖14　付息分紅股和不配息個股的利潤比較 ·············▶

＊從1972年至2014年計算年回報率。

　　我們的投資策略包括指數股票型基金（ETF），它不屬於共同基金。當你持有較大的帳戶，需要注意除了交易費外的基金費用。指數股票型基金應被視同為個股，可用於投資和交易。

共同基金作為牛市投資較為適當，但不能做空，在熊市只能退出。**指數股票型基金可用於牛市和熊市，因為它不僅擁有共同基金的所有好處，也便於清算。再加上沒有聘請經理人管理資金的沉重代價，長期以來，指數股票型基金頗受市場青睞。**我們在此只討論付息的指數股票型基金。

例如，筆者長期持有且認為很可靠的配息股票是Reaves Utility Income Fund（NYSE：UTG）。自2004年推出，該基金已支付超過120次每月配息，近期價格達到32.85美元，收益率是6.3％。類似的個股還有很多，請將這個理念當作引導，找到適合自己的投資標的。

千萬不要一路只追高收益率股票（如超過10%年息），應該考慮清楚並了解，真正的高收益率股票應被視為交易而非投資。我們必須密切關注，只要一被削減股息，就要馬上賣掉。

從投資組合來說，投資高收益率股票應該只佔聚寶盆的很小一部分，如果成功了，固然會令人感到很興奮，但不應該視為常態。對我們來說，這是加點分數，而不該是投資的核心基礎。在以下網頁可以很容易地找到它們。http://www.msn.com/en-us/money/stockscreener/hdys?market=USA。但對於長期投資而言（至少3～5年），我們應該考慮的是可靠的指數股票型基金。

以下列舉7支指數股票型基金標的的每月收益率，可提供讀者作為參考，按2015年9月4日整理如下。

代號	價格	收益率	每股每月收益	頻率	頻率
UTG	27.76美元	6.52%	0.151美元	每月	每月購買
DES	63.87美元	3.03%	每月不同	每月	每月購買
DHS	54.92美元	3.51%	每月不同	每月	每月購買
DLN	66.82美元	2.77%	每月不同	每月	每月購買
DON	77.75美元	2.63%	每月不同	每月	每月購買
DTD	67.66美元	2.82%	每月不同	每月	每月購買
GGT（CEF）	7.95美元	11.06%	0.22美元	每季（3、6、9、12月）	每月購買

＊在加貝利多媒體信託基金（NYSE：GGT），是自1994年以來在紐約證券交易所上市的封閉式基金。

以下13支封閉式基金，是較好的優先股基金選擇：

基金名稱	代號	收益率
Flaherty & Crumrine Dynamic Preferred and Income Fund, Inc	DFP	8.60%
First Trust Intermediate Duration Preferred & Income Fund	FPF	9.03%
John Hancock Preferred Income Fund II	HPF	9.20%
John Hancock Preferred Income Fund	HPI	8.50%
John Hancock Preferred Income Fund III	HPS	9.10%
Nuveen Quality Preferred Income Fund 3	JHP	8.30%
Nuveen Preferred Income Opportunities Fund	JPC	8.90%
Nuveen Preferred & Income Term Fund	JPI	8.65%
Nuveen Quality Preferred Income Fund 2	JPS	7.80%
Nuveen Quality Preferred Income Fund	JTP	8.20%
Cohen & Steers Limited Duration Preferred & Income Fund	LDP	7.80%
John Hancock Premium Dividend Fund	PDT	6.70%
Cohen & Steers Select Preferred and Income Fund, Inc	PSF	8.00%

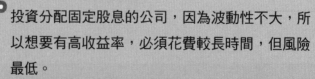

從美股賺1億 × 第⑮堂課

投資分配固定股息的公司，因為波動性不大，所以想要有高收益率，必須花費較長時間，但風險最低。

投資組合 2
投資高殖利率類股

　　股息成長股（Dividend Growth）是一個很好的投資，投資10年後，它將以冪數（也稱為指數，就是數學上的次方，exponential）的方式成長。如果你想計畫未來25年以上的生活花費，例如大學基金、結婚費用或退休養老，可確實掌握這個方法。

　　如果你現在需要現金，股息成長股的投資組合概念可能不適合你。有些企業結構是為股息增長創辦的，例如，專營房地產投資信託基金抵押的出租公司，抵押獲得的利息會逐年增長，並和逐年上漲的租金一起推高股息，但我們要選擇股價波動不過大的公司。

　　千萬不要隨媒體而起舞，我們選擇的公司不會立即受到新聞影響，更何況等看到新聞時，通常也為時已晚。選擇這些個股的目的，在於現在和每期（每月、每季或每年）的股息都會成長。**這還具有雙重複利的實際意義，一是可再投資獲得股息，二則是股息也能以複利成長。**

　　獲得「月收入」是我們的目標，股息和股息成長率就是我們關注的焦點，不需要太在意實質股價波動。股息的增長程度取決於公司盈利狀況，所以很容易追蹤掌控。一旦股息

下降或沒有得到應得的股息，我們就應該採取行動，大多數情況下，我們會選擇賣掉。當然還有其他原因，了解後也許你可以繼續持有。

股息才是投資重點

因為股息股通常比較穩定，我們可以泰然持有並預測成長性，但也因為波動性不大，所以許多投資者認為這樣的公司較無聊，回報率較低。

沒錯，股息未必是最令人興奮的投資策略，但是長久看來，這些「無聊沉悶」的公司更經得起時間考驗，將幫助我們達到期望。再者，一旦你有足夠利潤，就可以用分配到的利潤，去投資股價波動較大的公司，或從事任何股票交易。**請記住一點，務必只使用分配到的利潤進行投資。**

聚寶盆建議月收入茁壯時期，可專注於年輕、正在成長或市場大趨勢需要的類股。例如，醫療保健就是人類所需要的類型。**人口高齡化是各國發展的主要問題之一，理所當然，醫療保健收租業主類股就是大趨勢所需。**

但要注意的是，我們可以選擇當收租業主，擁有醫療保健相關的建築物，而非從事訴訟風險高的醫療作業。當醫療保健業務增加，醫療保健建築物也必然會增加。**我們可以選擇醫療保健收租業主類股（Healthcare REITs），以獲得穩定和成長的股息。當然，同時也考慮年輕且正在成長發展中的**

股份有限公司（Business Development Company, BDC）。

股息再投資，獲利穩且安全性高

投資所得來自兩方面：資本溢價和股息。對投資人來說，股息有特別的吸引力，而股票的資本溢價則是受到市場影響。另一方面，不管市場上漲或下跌，都會支付股息，股息的可靠性是買股時要考慮的一大原因。

不是所有股票都必須支付股息，但一個穩定、可靠的股息，會提供很好的回報率。例如，寶潔公司（NYSE：PG）是消費者產品巨頭，每年都會支付股息，自1891年以來，寶潔的股價並沒有連年上升，但擁有該公司股票的股東，都至少得到這些年的股息，不需完全依賴從資本溢價所獲得的報酬。

公司如果在業界上佔有一席之地，或者沒有面臨強烈的競爭，就會定期提高分紅。寶潔就是這樣的公司，它位居消費性產品龍頭寶座，擁有穩定的業務和業績，當然會成為世界上最穩定的股息股公司。

其次，它們審慎理財，不支付過高的股息，以便在經濟衰退的情況下，有足夠的應對能力提高調整空間，讓業務維持常態運行。大型股會提高股息，可參考下表例子。

代號	2013股息成長率	2014股息成長率
M	100%	25%
WFC	83%	20%
CSCO	133%	21%
DGX	70%	76.5%
F	100%	100%

我們一直長期持有下列這些每月配息的成長股個股,當價格回調時,可以讓你作為買進參考,價格按2015年9月4日整理如下。

代號	價格	收益率	每股每月收益	頻率
O	43.38美元	5.26%	0.19美元	每月
UTG	27.76美元	6.52%	0.151美元	每月

如圖15所示,我在2010年2月收購MMP作為投資組合,在不到5年的時間內,MMP增加17次季度股息,更高達將近78%。

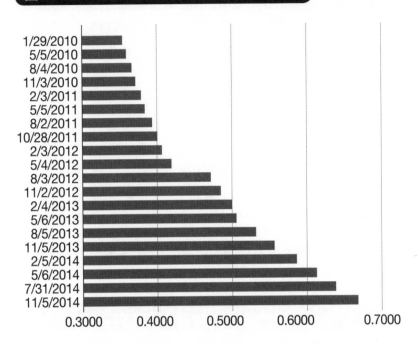

圖15　MMP的股息成長率（2010～2014年）

　　你也可以考慮參考最佳股息成長股，並利用5年股息增長率計算收益率。按2015年9月4日整理出國際最佳股息成長股，請見下表。

代號	價格	收益率	每股每季收益	頻率
BP	30.70美元	7.81%	每季不同	每季（2、5、8、11月）
RY	53.43美元	4.48%	每季不同	每季（1、4、7、10月）
SJR	19.63美元	4.58%	每月不同	每月
VOD	33.89美元	6.92%	每季不同	每季（6、11月）
GSK	39.69美元	5.97%	每季不同	每季（2、5、8、11月）
RCI	33.57美元	4.34%	每季不同	每季（3、6、9、12月）
UL	39.20美元	3.35%	每季不同	每季（3、6、9、12月）

以下列舉9支參考標的，可看出利用5年股息增長率投資的效益。

代號	收益率	5年股息增長率	10年平均收益	5年估計增長
TGT	2.93%	21.40%	4.79美元	11.30美元
MO	4.31%	9.20%	17.50美元	7.40美元
MCD	3.58%	13.90%	15.49美元	7.20美元
CLX	2.80%	9.40%	7.44美元	6.40美元
T	5.77%	2.4%	7.03美元	5.70美元
CVX	5.58%	9.00%	12.67美元	5.50美元
WGL	3.48%	3.40%	7.17美元	5.50美元
STR	4.51%	7.50%	14.70美元	4.50美元
HCP	6.10%	2.90%	9.25美元	4.20美元

　　自2007年以來，多家公司股息呈兩位數成長，請見下表資訊。

代號	7年股息增長率%
CBRL	33.33%
BA	24.66%
DE	17.65%
ITW	15.48%
LMT	12.78%
DEO	12.38%
HRS	11.90%
BIP	11.63%
MSFT	11.71%
GD	11.71%
BDX	10.09%

做好風險管理，讓投資更長久

　　風險管理就是做好股息分配和股息再投資。例如兩支股票，股票-A（RCS）支付8.60%的收益率，股票-B（ORC）支付16.46%的收益率。A的股價是9.49美元，B的股價是13.04美元。A支付每股股息0.96美元，B支付每股股息2.16美元。

股息分配方法是，假設我們將用總資本11,863美元購買1,250股，支付8.60％收益率的A股。並且用總資本7,277美元購買556股，收益率達14.30％的B股。這麼一來，較高收益率的B，資本風險就降低了。

　　運用這種方法的目的，可讓較高收益率的股票降低投資風險，較安全的低收益率股票，則有更多的資金可分配。

　　不花光所有收入，省下一些後再投資，這就像以工作換取薪資，你不會打算花光收入，成為月光族。除了保存緊急情況下需要的資金外，可以再投資，讓未來的利潤增長，大部分藍籌（績優股）公司股息，都用這個原則。

　　高回報也會帶來高風險，我們應該用利潤來購買這些高回報率的股票，就可以不考慮資本風險，只是享受股息。當股息被削減時，則可以考慮出售，再投資更好的標的。希望每個人都可以用這種方法實現自己的財務目標。

　　以下提供20支高配息標的的每季收益率等相關資訊，可看出長期投資的效益，按2015年9月4日整理，提供讀者參考。

代號	價格	收益率	每股每季收益	頻率
AWP	5.76美元	10.41％	0.050美元	每月
CHY	11.03美元	11.00％	0.100美元	每月
CSQ	9.74美元	10.50％	0.083美元	每月
DFP	22.44美元	8.60％	0.160美元	每月

DMO	24.62美元	8.00%	0.210美元	每月
EHI	9.41美元	12.60%	0.096美元	每月
ERH	10.69美元	8.34%	0.075美元	每月
ETG	15.44美元	4.10%	0.103美元	每月
FFC	18.45美元	9.30%	0.136美元	每月
GAIN	7.44美元	10.19%	0.063美元	每月
GGM	20.71美元	9.80%	0.181美元	每月
GLAD	8.71美元	9.44%	0.070美元	每月
GOF	18.95美元	11.52%	0.182美元	每月
HCAP	11.90美元	11.32%	0.113美元	每月
IRC	8.05美元	7.15%	0.048美元	每月
NCV	6.62美元	16.00%	0.090美元	每月
PHK	7.97美元	16.60%	0.122美元	每月
PKO	22.87美元	8.30%	0.190美元	每月
PSEC	7.84美元	13.35%	0.083美元	每月
RCS	8.14美元	12.00%	0.080美元	每月

　　下表為按2015年9月4日整理出的6支高配息標的，可看出長期投資的每季收益，僅供參考。

代號	價格	收益率	每股每季收益	頻率
CLMT	25.62美元	10.69%	0.685美元	每季（2、5、8、11月）
CODI	16.44美元	8.76%	0.36美元	每季（1、4、7、10月）
EARN	13.03美元	16.88%	0.55美元	每季（3、6、9、12月）
NYMT	6.38美元	16.93%	0.27美元	每季（3、6、9、12月）
STON	27.99美元	9.28%	0.64美元	每季（2、5、8、11月）
TICC	6.94美元	16.72%	0.29美元	每季（3、6、9、12月）

請注意，正在成長發展中的股份有限公司（BDC），其收益率比抵押貸款房地產投資信託基金（mREITs）低。基本上，我們可以期待BDC組合範圍有7％～11％的收益率，而mREITs有8％至18％的收益率。達到收益率成本（YOC）>10％的高收益率目標，將可以被落實。

　　到此為止，我們知道第一步是購買最安全的優先股和市政債券封閉式基金，第二步是用已獲得的利潤，購買長期最高配息的股票，而這些股票都是長期成長配息股或穩定股。

　　這個概念將幫助我們快速達到可觀的收益率，也就是在10年內，收益率可獲得10％的方法，大衛・範・納普（David Van Knapp）曾建議用下列組合：

購買時股息收益率	每年股息增長率
7%	4%
6%	5%
5%	7%
4%	10%
3%	13%

　　我們投資的公司，股息率都在3％至7％，很多公司的股息會每年增長，可期待能增長至4％～13％。以下是部分僅供參考的名單：

公司名稱	代號	價格	收益率	每年股息增長率
SYSCO CORP	SYY	39.57	3.03%	4.0%
MCCORMICK & CO	MKC	78.77	2.03%	5.0%
AQUA AMERICA INC	WTR	24.61	2.84%	6.0%
APTARGROUP INC	ATR	67.27	1.70%	7.1%
RAVEN INDUSTRIES INC	RAVN	17.00	3.06%	8.0%
CARDINAL HEALTH INC	CAH	80.55	1.92%	9.1%
FASTENAL CO	FAST	37.50	2.99%	10.0%
FACTSET RESEARCH SYSTEMS INC	FDS	155.73	1.13%	11.1%
NOVO-NORDISK A/S-SPONS ADR	NVO	54.31	1.34%	12.1%
TEVA PHARMACEUTICAL-SP ADR	TEVA	63.44	2.14%	16.2%

　　分析師約瑟芬・艾格納斯（Joseph Agnese）寫到，**當嬰兒潮出生的這一代進入老年，連同X世代和千禧一代，這些人口成長推動了醫療和健康狀況產品的需求。**隨著2015年美國經濟改善，上述趨勢將加劇，食品製造商、零售商及製藥公司等都將受到影響。

　　艾格納斯表示，預計的贏家為克羅格（Kroger Co.）、Sprouts Farmers Market Inc.（SFM）、CVS Health Corp.以及Hain Celestial Group Inc.。輸家（指比較不能獲利的公司）則有金寶湯公司（Campbell Soup Company）、家樂氏（Kellogg

Co., K）、可口可樂公司（Coca-Cola Co., KO）、百事公司
（PepsiCo Inc., PEP），以及諸如馳亞集團（Altria Group Inc.,
MO）和Reynolds American Inc.（RAI）等香菸製造商。

你也可以參考下表2015年總體分析師的配息股票說明。
按2015年9月4日整理如下。

公司	代號	9/4/2015價格	股利	年息	評價
Johnson&Johnson	JNJ	91.31	2.80	3.29%	AAA
3M Company	MMM	139.84	4.10	2.93%	AA-
PepsiCo	PEP	90.92	2.62	3.09%	A
Procter & Gamble	PG	68.76	2.57	3.86%	AA-
Emerson Electric	EMR	45.82	1.88	4.10%	A
AT&T	T	32.56	1.88	5.77%	A-
NW Natural Gas	NWN	42.39	1.86	4.33%	A+
Genuine Parts	GPC	80.92	2.30	3.04%	A+VL
HCP Inc	HCP	35.68	2.18	6.33%	BBB+
WP Carey	WPC	56.62	3.80	6.66%	BBB
Chevron	CVX	76.67	4.28	5.58%	AA
Starwood Property	STWD	21.04	1.92	9.13%	BB
Helmerich & Payne	HP	52.25	2.75	5.26%	A VL
Kinder Morgan	KMI	30.77	1.76	6.37%	BBB-
McDonald's	MCD	94.85	3.40	3.58%	A
Tupperware Brands*	TUP	51.78	2.72	5.25%	BBB-
Triangle Capital*	TCAP	18.63	2.36	11.59%	NR

從美股賺1億╳第⑯堂課

投資高殖利率股票會讓你的資產迅速成長，但利率波動大，風險也相對提高。依本書中心主旨操作，用投資所得的利潤再投入高殖利率類股，只要做好風險管理，就算虧損，也能控制在本金之內。

投資組合 3
投資總回報成長類股

　　無論你是20歲還是60歲，都需要考慮退休。以前也許你聽過這樣的說法，但是卻不知道該如何開始，退休規畫不應該被無限期延遲，只要及早規畫，誰都可以提前退休。本書提供三個方法，讓你擁有穩定的收入：第一，穩定的利息股。第二，高殖利率成長股。第三，總回報成長類股。

　　股息是收入的重要來源，問題是股息率相對較低，僅有2～3％，你需要投入大量資金，才能有實質可觀的收入。即使你有50萬美元的股息股票組合，收益率達3％，一年也只有15,000美元的股息。

　　如果你的年紀在40歲以下，集中投資在高殖利率類股上，並不是最好的策略。如果一家公司必須要將90％利潤分配給股東，則這家公司不會成為體系龐大的公司，也不會有多餘金錢來進行其他投資。

　　在利率上升的環境中，股息往往表現不佳。如果利率太高，樓價需求和房地產價格都會下跌。**如果你能正確地分散投資，將會擁有房地產淨值、存款證明（Certificate of Deposit, CD）和其他收入所產生的資產，就能因此產生一股**

穩定的收入流。

投資會增加股息的公司，是讓你資產更加多元化的方式，也是我們投資的第三支柱子。投資風格要符合你的生活方式，不建議全部集中在固定收益股息股的投資組合中，因為這樣只會產生很少的收入。

固定收益股息股能擁有低風險、低稅率的收入，但需要很長的時間累積股息收入，且受到熊市影響時，公司會削減股息。**關注股價與股息總回報率都能成長的公司，並且長期持有，才是我們的目標。**

🛍 在美股你才找得到，連續25年股息成長的公司

基本上，我們聚寶盆中的所得是來自固定收益股息股與高殖利率類股的利潤，再用這些利潤購買並長期持有總回報類成長股。如果你有足夠資金，也可以只投資固定收益股息股，再用此利潤去進行其他投資，這種方法會更加安全。

醫療保健房地產信託基金，屬於總回報成長類股。我們必須了解每家公司的詳細資訊，再進行分類，並非全部的醫療保健房地產信託基金，都適合放在聚寶盆，因此必須審慎篩選。

一旦選擇好要購買的股票，接下來就是找到最好的進場時間。你可以使用兩個指標：MACD和STOCHASTIC來幫助篩選。從S&P500評估股息新貴（Dividend Aristocrats），可以找到連續25年都增加年度股息的標的，這也是尋找優質股票的路徑（http://www.buyupside.com/dividendaristocrats/displayalldividendaristocrats.php）。最好的前7個股息新貴如下表所示，可供讀者參考。

代號	每股價格（9/4/2015）	股息率	產業
WMT	63.89美元	3.02%	各種折扣商店
XOM	72.46美元	3.96%	綜合性石油與天然氣
PEP	90.92美元	3.09%	飲料
MCD	94.85美元	3.58%	餐館
KO	38.52美元	3.43%	飲料
ABT	43.07美元	2.23%	藥物
AFL	56.39美元	2.77%	意外及健康保險

以下是其他也不錯的選擇。

代號	每股價格（9/4/2015）	股息率	產業
JNJ	91.31美元	3.29%	藥物
PG	68.76美元	3.86%	個人用品
T	32.56美元	5.77%	電信服務-國內
CVX	76.67美元	5.58%	綜合性石油與天然氣
GE	24.00美元	3.83%	多元化機械
COP	47.20美元	6.27%	獨立石油和天然氣

　　長期看來，大多數只配息的股票並無法成功，每家公司都有生命周期，必須要小心。可怕的是，很多公司的生命周期並不長。

　　例如淘兒音樂城（Tower Records）、世界通信（WorldCom）、電路城公司（Circuit City）、美國住房抵押貸款投資公司（American Home Mortgage）、安隆公司（Enron）、雷曼兄弟（Lehman Brothers）、ATA航空公司（ATA Airlines）、夏珀影像公司（The Shaper Image）、華盛頓互惠銀行（Washington Mutual）和齊夫・戴維斯出版公司（Ziff Davis）等。

　　你必須察看你的投資，至少每季一次，這也是為什麼我們選擇用股利進行投資的原因。以下是連續25年都配息的公司，可參考它們的條件，並在投資之前仔細檢查。

代號	持續增加股息年度	價格（9/4/2015）	股息收益率	增加幅度	股息／年	5年股息增長率
T	31	32.56美元	5.77%	2.22%	1.88%	2.40%
SJW	48	27.72美元	2.81%	2.74%	0.78%	2.50%
BMS	32	41.59美元	2.69%	3.85%	1.12%	3.40%
ADM	40	42.90美元	2.61%	26.32%	1.12%	7.90%
MHFI	42	93.18美元	1.41%	7.14%	1.32%	4.90%
TR	49	30.89美元	1.17%	3.00%	0.36%	2.80%

　　若你考慮投資長期分配股息的公司，我們的投資組合有這些，可提供讀者參考。

代號	每股價格（9/4/2015）	股息率	產業
APU	43.22美元	8.51%	公用天燃氣
LMT	202.62美元	2.96%	航空航天／國防產品與服務
MPW	10.95美元	8.04%	醫療保健設施
HCP	35.68美元	6.33%	醫療保健設施
O	43.38美元	5.26%	房地產投資信託基金 - 零售
RRD	15.41美元	6.75%	商業服務
STON	27.99美元	9.28%	個人服務
T	32.56美元	5.77%	電信服務 - 國內
TGP	25.63美元	10.92%	航運

讓複利循環，不動本金讓股息繼續投資下去

建立好投資的三支樑柱後，就可運用「循環複利」和「盈利再分配」這兩個極為重要的加分技巧，來加快獲得收入的速度，到達以錢滾錢，並讓我們看見傳說中複利的強大回報能量。

請牢記並確實分配，最關鍵的要點是：**沒有必要用每月股息收入立即購買更多股票，透過觀察市場走勢，找到最佳的進場時間，使用公允價值（Fair Value）評量（指在公平交易中，交易雙方自願進行資產交換或債務清償的金額），等待股價拉回。另外，除權日（Ex-Date）也是分配盈利的最佳時機。**

在正確時機將賺得的股息集中在多樣化高回報的投資上，會加速收益速度，讓複利膨脹。年復一年、日復一日循環，很快就會見到成效。我們的投資並不動用本金，不用擔心虧損，這個方法值得鼓勵。

有興趣分配不同類別（Sector）的投資者，可以參考以下按百分比分配投資組合的行業分類。不要忘記，投資前應該仔細檢查個股變化，時機很重要。

類別	標準普爾（%）	目標（%）	實際（%）	收入（%）	持股
物料	3.40	5.00	5.00	5.00	AA、MON
能源	10.90	10.00	12.80	18.80	KMI、CVX、XOM
工業	10.10	10.00	10.70	6.20	EMR、MMM
非必需消費品	11.60	10.00	13.50	9.30	GPC、TUP、MCD
消費必需品	11.00	10.00	10.60	6.20	PG、PEP
衛生保健	12.50	10.00	10.60	8.30	JNJ、HCP
房地產投資信託基金		15.00	12.60	16.50	O、WPC、STWD
金融	15.00	5.00	4.10	9.90	WFC、PBCT、TCAP
技術	15.00	5.00	3.80	6.50	HTGC
電信	3.00	5.00	5.10	5.90	T、VZ
公用事業	3.50	10.00	9.90	7.20	NWN、WEC
現金		5.00	1.20	0.10	
總計		100.00	100.00	100.00	

投資房地產信託基金，收入比包租公更穩定

美國國會在1960年通過了《房地產信託投資法》法案，至今已發展了近50年，房地產投資信託基金，為投資美國房地產最被看好的形式。在此，我們集中討論房地產收租業主。

我們對穩定收租業主的三重淨租賃收入很感興趣，因為租金收入就是我們的股息。請記住，**我們投資會分配90％利潤的房地產，並成為業主，而不是租用房地產從事企業商務的生意。**

投資者應持有一個獨立房地產投資信託投資組合，主要原因在於它的股市波動較小，長期租金收入比企業盈利更穩定。連續的股息收入來自長期租賃協議，不只提供可預測的連續收入，從長遠眼光來看，**房地產增值也會為你的股票提高價值，收入甚至比當實體包租公更穩定。**

房地產信託基金支付非常高的股息，因為基金本身不扣稅，但必須發放90％的年收入給投資人。注意你的股息所得稅（income），股息是屬於個人收入所得，而不是資本收益（capital gain）。

對投資者而言，不必考慮成本，也不必搜尋、研究地點，因為有專業人士可以提供幫助，我們只需要買進和賣

出股票。**作為一個實體房地產投資者，你只能長期等待特定有形資產的升值，而當個穩定的收租業者，不用出售物業套現，只需賣出股票，比典型的房地產投資更具買賣流動性。**

它的缺點是管理成本較其他股票指數基金高，但是如果投資金額不大，成本差異就不是一個大問題。例如，Vanguard's的REITs指數基金手續費，比總股票市場指數基金高0.08％。

另一個缺點是轉移課稅，法律規定公司90％利潤分配給投資者，所以公司不報稅，但轉移課稅給投資者。對於大多數投資者來說，這不一定是個問題，他們可以簡單地持有自己的避稅或延稅退休帳戶，就像投資房地產一樣，是個長期策略。

房地產信託基金也同時有投資房地產及股票的相關風險：

①入住率下降會影響收入
②當物業價值下降時，股票價格會下降
③股票價格會根據供需要求調整
④高股息會迫使管理層借錢來擴大房地產資產
⑤利率上升

透過多元化投資，提高總回報率

在一般情況下，投資房地產信託基金的收入會受到通膨、租金調整等生活成本的影響。如果你是租戶，租金會受通膨率牽制，但取決於個人收入，有些人的個人所得稅率甚至高達39.5％。要注意的是，並非所有股息會有15％的稅率，有些會按普通收入課稅。在投資房地產信託基金之前，可諮詢稅務顧問，以確定你的淨收率。

房地產投資信託基金是一種使用總回報率（Total Return）計算的方式。**考慮股息和股票價格上漲幅度，通常能提供高股息，再加上中、長期資本增值的潛力，長期總回報率很可能高於高殖利率類股的股息，但比低風險的債券回報率稍差。**

房地產投資信託基金為投資者提供以下條件：

①**收入長期增長**：如比較其他股票和債券的回報，它提供相當有競爭力的長期利率回報。
②**高股息率**：股息收益率平均比一般股票高，是穩定的收入流。
③**流動性**：因為在主要的證券交易所上市公開交易，很容易轉換成現金。
④**專業經營**：它的經理人必須是經驗豐富的房地產專業人士。
⑤**監督**：有獨立董事、獨立分析師、獨立審計師、商業

和財經媒體監測，會定期發表財務報告，該審查可保
護投資者。

⑥**信息披露義務人**：美國證券交易委員會要求定期提出
每季和年度財務報告。

**自住房是一種消費品，不是投資，而且有相當大的抵押
貸款。**因為自住房不會產生收入，還需要定期繳納貸款利
息、房地產稅和保險費，再加上偶而妥善保養的其他支出。
相反地，**房地產信託基金是投資商業地產，它的投資是一系
列的房地產物業，可在各地多元化投資，從而產生持續的租
金收入流。**

自住房的投資風險較少變化，且高度集中在單一位置。
房地產信託基金則具有極高總回報率的吸引力，毫無疑問，
它已經成為最佳投資組合之一。

為什麼房地產信託基金已成為投資主流？

房地產信託基金大體上可分兩大類：①投資於地產，例
如公寓、住宅或商場。②投資於抵押貸款。醫療保健類是非
常重要的投資機會，我們將更詳細討論。可參考以下分類：

①**零售**：購物中心、直銷中心、小型鄰里中心或市區和
交通繁忙的零售網點。

②**醫療**：不經營衛生保健管理，只投資醫療設施，例如
養老院、醫療辦公樓、醫院等。

③**住宿**：酒店、度假中心和寄宿的房地產，不直接管理
其主要業務，但有一些信託基金會用管理合約安排旗
下的公司。

④**工業**：工業、倉儲或配送中心。例如Flex，它是創新
進化的工業地產。其建築設計有挑高的天花板、裝卸
碼頭、地面停車場、企業用辦公大樓和倉庫等。

⑤**辦公室**：辦公室一般可分為A類、B類和C類，根據設
施和位置，A類最好，B類通常在城郊住宅區，而C
類則多半在老年人居住或租金較廉價的地區。

⑥**混合工業／辦公大樓**：許多都有辦公室混合倉庫的性
能。

⑦**抵押／融資**：投資於抵押貸款或其他融資類型。

⑧**住宅**：公寓和製造社區的業主。

股價和股息都增長的房地產信託基金參考名單，請見下
表。

公司名稱	類別	代號	2009年6月開始股價和股息增長率
Ventas Inc.	REITs	VTR	207%
Omega Healthcare Investors	REITs	OHI	254%
W.P. Carey	REITs	WPC	257%
Healthcare Trust of America	REITs	HTA（2012）	200%
Medical Preperties Trust Inc.	REITs	MPW	143%
Ventas, Inc.	REITs	VTR	152%
STAG Industrial	REITs	STAG（2011）	120%

許多新的房地產投資信託基金有增加類別，包括酒店、自存倉儲中心、監獄、數據中心（data center）、校園房屋、模組化房屋（building blocks construction）、發射塔，甚至遊戲中心（building for games）等。

在房地產投資信託協會（NAREIT），負責研究與投資者服務的高級副總裁布拉德嘉斯曾說：「今天房地產投資信託基金的投資市場成熟且多樣化，對投資人而言，可說是提供了廣泛的機會。」

截至2014年1月31日，在美國證券交易委員會註冊在案的房地產信託基金，已達到204家，大多數在紐約證券交易所上市，其合併資產市值的總額高達7,190億美元。顯然，這些上市股票的市場已經成為投資主流。

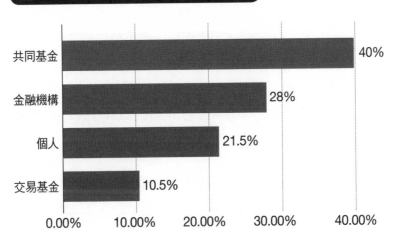

圖16　房地產投資信託基金上市股權

項目	比例
共同基金	40%
金融機構	28%
個人	21.5%
交易基金	10.5%

房地產投資信託基金是投資新浪潮

美國國會在1960年以前從來沒有想到，最大的數據中心（NYSE：DLR，為一家不動產投資信託公司，投資標的為科技業相關物業）或美國最大的手機信號塔（NYSE：AMT，美國最大的廣播和無線通訊發射塔經營商）將永遠存在。

事實上，房地產信託基金建立（於1960年）背後的目的一樣：確保社會各界擁有商業地產物業的多元化市場。

最近，有幾家公司已經轉換為房地產投資信託基金，但因為是混合型，它們各自的「房地產」所有權不太清楚。近年來，房地產信託基金公司的結構頗受歡迎，一般舊式上市公司都有自己的地產，這也是公司極大的資產。一般公司會希望將自己的巨額土地和房產，轉化為房地產信託，因為這樣一來就無需報稅，對於任何公司而言，都是極大的好處。

另外，投資人的稅率因人而異，中小投資者可多配息而少付稅，這也是一大好處。但是房地產信託基金將土地產權和經營生意分開，所以公司會支付租金給自己，目前美國還沒有明確的法律規定。若一般公司轉換為房地產信託，將會有所有權不太清楚的情況，以下舉幾個例子說明。

例如，杜邦科技（DFT）企業總市值為302億美元，為主要從事收購、開發、經營、管理和租賃的大型數據中心。在2011年12月31日前，該公司擁有並經營7個位於北維吉尼

亞州的數據中心，其分配給股東的課稅所得至少90％，不受聯邦企業所得稅約束。

例如，公共存儲（NYSE：PSA）之間交叉和額外的空間，以及數據存儲公司的房地產及物業CoreSite（NASDAQ：CORE）都有這樣的問題。實際的土地產權建築（PSA）和虛擬的雲端空間（DFT），都有龐大的租金收入。該如何徵稅？有沒有重疊交叉稅法？雲端空間擴展是額外空間嗎？比較地產擴展又如何？目前仍沒有明確答案。「混合」模式較其他房地產企業所特有的REITs來說，法規不太明確。

也有電信類股轉變為房地產投資信託基金的結構。地產投資信託基金的結構一直是為美國塔（American Tower，NYSE：AMT）等通訊公司採用。Windstream Holdings Inc.（NASDAQ：WIN）今年獲得美國國家稅務局（IRS）准許，成立了房地產信託，專家認為其他公司也會群起效仿。這是第一家，有資格轉換為房地產信託的專門光纖電纜網絡公司。

由於美國國會（1969年國稅局的裁決）對光纖電纜網絡公司與鐵路的定義一致：屬於基礎設施，是運輸有形商品的網絡。從本質上來看，鐵路是地面之上的產品，電纜則屬於地面之下，所以一直被認為是房地產建築物內一部分。

左手付租金給右手的獲利模式

多年來，有一批C級（C-Corporation）企業開始思索要轉型成房地產信託公司，包括Lifestyle Fitness、Darden Restaurants、JC Penney、Sears、Dillard、Bob Evans、Target等。

房地產信託基金可以造福公司和投資人，對於某些歷史悠久且營運完善的公司而言，擁有自己的房產建築將會是很大的資產，一旦能改變公司結構，就代表企業75％的業務收入會來自房產建築，也就是左手付租金給右手。

50年來，**房地產信託基金已成為投資人新寵兒。C級企業的大廈本身需要報稅，營業額也需要報稅，難保能夠賺錢。房地產信託基金將稅收轉給投資者，國稅局只能向投資人個人收稅，這就是C級企業想轉型為REITs的原因。**

請記住，**房地產信託基金會有至少90％的盈利或現金紅利，回報給投資人，因此股息收入是其資金來源。**它廣受歡迎且引發流行，讓一般人也像大財團一樣擁有商業大樓，這是很大的誘因，也是對抗貧窮且人性化的作法。

轉移課稅給投資者，個人納稅最高可達39.6％，但企業所得稅率最高達35％，也就是說，政府對投資人收取比一般公司還要高的稅。這也意味著，房地產投資信託基金將應納稅的額度，分配給高稅率的個人，讓更多資金注入到稅收系統。

因應全民健保制度的更改，高收入者必須支付更多的醫療附加稅（3.8％），一般人最高平均稅收為1.45％，因此國稅局可以從房地產投資信託基金中，得到高達44.85％的稅收。

最近，房地產投資信託基金的價格波動較大，美聯儲的債券購買計畫終結（編按：自金融危機時期，美聯儲採購債券的行動，刺激了美國股市維持長時間牛市，S&P 500指數也大幅上漲，抑制了借貸成本。2014年美聯儲表示，美國經濟不再需要這麼多幫助，於是決定停止債券購買計畫），這代表經濟改善，應該有利於業主。

大多數抵押貸款的房地產信託以槓桿方式營運，就是借入低利率資金，借出高利率資金，利用價差獲利。若利率上升、成本增加，則高股息配息會受到影響。這讓投資人十分不安，或甚至出現攻擊行為。

聯邦對大眾說明利率可能會上升，卻遲遲沒有執行，主因是經濟增長不夠強勁。這個狀態為投資人提供良機，也為投資人的安全邊際提供優勢。

美聯儲對於加息時機的言論，提出一個看似柔弱的催化劑，但市場為房地產信託的投資人提供更好的安全邊際。其基本面依然強勁，而市場提供的非理性波動行為，終能為耐心等待的投資人提供非常好的買入點。

BMO資本市場副主席、房地產信託基金的老將馬克‧德克爾（Mark Decker）解釋：「證據顯示，房地產信託業增長為大約8,000億公眾市值，大部分在紐約證交所公開交易，還有巨大的增長空間。」

現在仍然處於公開房地產市場發展的早期階段，這個概念已經普遍被人們接受。一旦私人土地及物業處在經濟危機中，將幾乎完全喪失價值。例如，政府破產使經濟陷入泥淖，導致芝加哥汽車行業蕭條，難以恢復過去的榮光。

房地產信託基金以小資本分散投資各類物業，各物業都有專業人才，且政府的稅收制度透明，在購買和出售股票上也具流動性。相反地，私人土地及物業想盡量避免稅收，購買和出售需經過較長時間。

房地產投資信託基金發展多年來，已經度過各式風暴，雖然大蕭條使股息短暫減速，但長期前景看來仍有利。馬克‧吐溫（Mark Twain）說得好：「購買土地吧，他們不會再造。」

讓投資房地產信託基金所獲得的合理大幅總收入，成為你的退休投資組合，有兩大投資類別可供選擇：「股權投資」和「固定收益投資」。業主可同時提供這兩筆收入，大樓會增值，租金會固定配息，而且逐年增加，這代表股息也會增加。

房地產是一種股權投資

對很多投資人來說，房地產是最喜歡的投資選擇之一，尤其華人特別認同這種投資。在正常經濟條件下，房地產會漲價。當然，從土地到建築物，有很多投資類型，包括單戶住宅、公寓、辦公大樓、購物中心、工業園區、醫院和其他醫療設施等，不勝枚舉。

從收入的角度來看，租金是投資房地產很大的吸引力。相較於實體房地產投資，房地產信託基金公開上市的普通股股權，更具流動性，因為實體房地產的流動性比較差，而且需要維護和管理，收益比較不穩定。附錄F將為讀者提供完整對比。

然而，這是美國在1960年國會通過《不動產信託投資法》之後的改變。在此之前，一般人不能投資大型建設，而今天我們甚至可以只投資一股，且費用很低。

一般租賃合約長達10年，其中還包括每年增加的租金百分比，這些都算是稅後租金，生意經營狀態時好時壞，也會影響收入。投資房地產信託基金，穩定的租金收入相對可靠。以下列舉幾個公司，僅供參考。

大型房地產投資信託基金：

公司	每股價格（9/4/2015）	股息率	員工	資本額
HCN	61.42美元	5.37%	438人	23.22億美元
VTR	53.10美元	5.82%	479人	20.83億美元
HCP	35.68美元	6.33%	170人	17.10億美元
DLR	62.15美元	5.47%	860人	9.36億美元
BRX	22.23美元	4.05%	443人	6.89億美元
DDR	14.80美元	4.40%	589人	5.67億美元
HTA	23.13美元	5.10%	170人	3.06億美元
HPT	25.29美元	7.91%	不明	4.42億美元
HIW	36.82美元	4.62%	432人	4.17億美元
HME	74.30美元	4.09%	1,200人	4.25億美元
DEI	27.23美元	3.08%	560人	4.01億美元
GLPI	30.61美元	7.12%	807人	4.25億美元
EPR	49.57美元	7.32%	40人	3.18億美元

中型房地產投資信託基金：

公司	每股價格（9/4/2015）	股息率	員工	資本額
BMR	18.11美元	5.74%	247人	3.94億美元
CXW	29.00美元	7.45%	14,040人	3.90億美元
GEO	29.13美元	8.51%	17,479人	2.56億美元
DRH	11.26美元	4.44%	25人	2.65億美元
DFT	26.06美元	6.45%	97人	1.95億美元
HT	23.80美元	4.70%	48人	1.31億美元
CLDT	22.10美元	5.43%	45人	1.05億美元

小型房地產投資信託基金：

公司	每股價格（9/4/2015）	股息率	員工	資本額
SOHO	6.64美元	3.5%	13人	79.1百萬美元
UBP	16.40美元	6.22%	42人	594.9百萬美元
WSR	10.89美元	10.18%	86人	346.7百萬美元
ADC	27.96美元	6.65%	14人	474.7百萬美元
AHH	9.57美元	7.11%	137人	245.1百萬美元
APTS	10.28美元	7.10%	不明	×百萬美元
CCG	4.96美元	6.30%	632人	473.8百萬美元
CDR	5.90美元	3.39%	69人	579.5百萬美元
EXL	15.84美元	4.60%	81人	837.2百萬美元
GOOD	13.86美元	10.82%	不明	328.4百萬美元
ARI	16.15美元	10.80%	不明	768.7百萬美元
COR	49.12美元	3.42%	354人	884.6百萬美元
TRNO	19.89美元	3.22%	18人	722.9百萬美元
AHP	15.41美元	2.71%	不明	446.3百萬美元

如果我只能投資一個房地產信託，將是地產收入公司（美國最大的房地產投資信託基金，Realty Income Corporation，NYSE：O）。它每月都有可觀的股息收入，是最引人注目的標的之一。如前面所提，用內在價值（intrinsic value）估算公允價值，可尋找出安全邊際。

舉例來說，在http://finance.yahoo.com/q/hp?s=O+Historical+Prices中可算出現在價格（2015年1月7日）51.09

美元，其實有點偏高，我認為適度價格是44美元。如果你希望每月都有收入，建議你可像購買零存整付一樣，每月都買一點。

🎒 醫療保健收租業主，每年可領5%以上的股息

2014年醫療類股的漲幅比S&P 500指數還要高，該類股的投資人明顯受益，2015年以來，這類股的第一季已稍有調整，2～3月持續下滑，3～4月則開始回升，預測今年和往後數年，將有大幅增長的可能性。

2010年美國通過了歐巴馬總統提出的醫療改革法案，俗稱歐巴馬醫改（Obamacare或Affordable Care Act，ACA）。這項改革對整個醫療體系帶來重大影響（編按：這個法案的終極目標是為美國全民提供「可以負擔得起」的醫療保險，強制要求全體國民投保，投保者可獲得租稅減免的優惠作為補貼，拒保者將被罰緩，此舉引起喧然大波），歷經數階段的變化，已逐步進入平和階段，醫療相關產業被認為是此醫改案中最大的利害關係人。

醫院是至關重要的資產，每年只有少於1%的醫院會關閉。美國現有約5,000家醫院，需求量尚持續增長，供需基本面使得醫院成為一種頗具吸引力的資產類別。加上二戰後美國嬰兒潮一代正邁入高齡化階段，在在都說明了醫療產業是

良好的投資對象。圖17可看出醫療保健行業的回報比率。

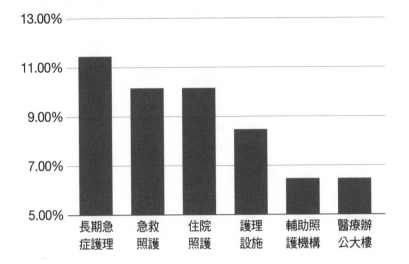

圖17　2013年醫療保健產業房地產投資信託的回報率

　　嬰兒潮時代出生的人已滿65歲，老人安養機構和醫療保健的需求快速上升。事實上，老人安養機構供不應求，過去兩年，醫療保健業已大幅領先其他行業。

　　醫療保健房地產投資信託基金的投資對象是老人安養機構、輔助照護機構、醫院和診所等相關房地產。其相關的土地和建築物，原本就屬於房地產信託基金的一類，因為不斷快速增長，已成為獨一無二的行業類別，因此又被稱為「子行業」（sub-industry）。這個子行業和國家經濟的起伏相關不大，換句話說，該行業可以在起伏不定的經濟變化中，持續穩定成長。

退休人口增多、人類平均壽命延長，都證明了這個產業將如預期般成長。它們以三重淨租賃的方法收費，租賃群體不僅繳納租金，還負責相關稅收、保險、維修、水電等細項，這類的房產需要昂貴的特殊設計和裝修（例如醫院、診所等），因此這種收費方法可以確保盈利。

醫療保健集團都喜歡長期租賃，而且該業別的顧客群屬於長期，一旦成為顧客就很難「易主」，一旦簽約，除非有特殊原因，否則很少毀約或搬遷。

那些搬進持續關懷退休者社區（Continuing Care Retirement Communities，CCRCs）的人，絕大多數會一直住到離世，幾十萬的入住費也不會退回，這種現象可以說明，為什麼這個行業能持續盈利。

這類行業和任何行業一樣，也具有風險，其中既是優勢也是風險的因素，就是單一特定的顧客群（例如老年人）。一旦這個顧客群有特別大的變化，就很難轉向其他客群。

美國社會醫療保險（Medicare／Medicaid）的支付能力也是一大問題。退休後所有人都使用社會醫療保險，但老年人沒有收入，支付能力也較弱，儘管政府已將退休年齡從65歲延後至66歲，但長期看來仍有這方面的疑慮。

醫療保健產業是全球趨勢下的受益者

美國每7分半鐘有一人進入65歲，每年死亡人數約為

2,473,018人，每天有6,775人死亡，每小時有282人死亡，數量正在迅速增加，由此不難看出該行業的上升前景，以及對風險控管的需要。**這個行業的年配息率很多在5%以上**，按2015年9月4日整理，請見下表。

代號	價格	股利	收益率	頻率
DOC	14.06	0.90	6.40%	每季
HCP	35.68	2.26	6.33%	每季
HCN	61.42	3.30	5.37%	每季
HR	22.17	1.20	5.41%	每季
HTA	23.13	1.16	5.10%	每季
LTC	39.20	2.04	5.20%	每季
MPW	10.95	0.88	8.04%	每季
NHI	54.10	3.40	6.28%	每季
OHI	32.35	2.16	6.80%	每季
SBRA	22.66	1.56	7.24%	每季
SNH	15.26	1.56	10.22%	每季
UHT	43.83	2.54	5.84%	每季
VTR	53.10	3.16	5.82%	每季

　　醫療保健業是全球趨勢下的直接受益者。全球人口老化的節奏正在加快，在已發展和發展中的國家，未來幾年預計會有更多的醫療保健花費。

　　歐巴馬醫改將3,200萬名沒有保險的民眾納入醫療系統，美國的醫保覆蓋率將大幅提升。保健品企業尤其是製藥公司和託管服務提供者，也是長期受益者。此外，**醫療保健**

是一種防禦性投資，與整體經濟走勢的相關性通常較低，值得長期投資。

在過去三年中，醫療保健基金（ETF）表現亮眼，而醫療保健房地產投資信託基金（Healthcare REITs）則表現更好。**不只有租金收入，房地建築價也會增加，這代表股價增加。因此計算總投資回報，要將股息和股價的年複合成長率**（Coumpound Annual Growth Rate，CARG）**也算進去。**圖18可看出醫療保健個別房地產投資信託基金的股價增長率（Stock Growth Rate，DGR），和股息增長率（Dividend Growth Rate，SGR）的比較。

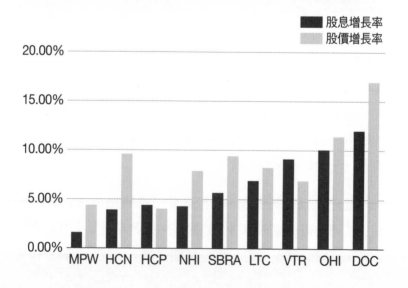

圖18　醫療保健產業股息增長率（DGR）和股價增長率（SGR）比較（2014年12月）

■ 股息增長率
■ 股價增長率

　　投資個別醫療保健房地產投資信託基金，投資者應該要密切關注，可參考該信託基金的網頁，也可上http://finance.yahoo.com查詢相關資訊。

　　圖19可看出各個醫保房地產基金的股息成長幅度，接下來將為讀者規畫如何分配這些基金。例如：OHI的季息分配月份為1、4、7、10月；HCP季息分配月份為2、5、8、11月；VTR的季息分配月份為3、6、9、12月。只要妥善分配，保證月月都有收入。按2015年9月4日整理如下。

股票代號	股息殖利率	現價（美元）	年度股息金（美元）	除息日	1月	2月	3月	4月	5月	6月	7月	8月	9月	10月	11月	12月
LTC	5.20%	39.20	2.04	11/18	×	×	×	×	×	×	×	×	×	×	×	×
OHI	6.80%	32.35	2.16	10/29	×			×			×			×		
HCP	6.33%	35.68	2.26	8/7		×			×			×			×	
VTR	5.82%	53.10	3.16	9/10			×			×			×			×

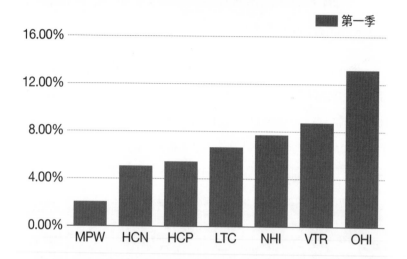

圖19　醫療保健產業股息成長率（2014年第一季）

第一季

16.00%

12.00%

8.00%

4.00%

0.00%

MPW　HCN　HCP　LTC　NHI　VTR　OHI

　　以MPW為例，總資產有390億美元，它的投資標的只關注在長期淨租賃出租的醫療保健產業，在美國和歐洲共有118處（107個在美國，11個在歐洲）相關醫療建築。因為受到2008年金融風暴的影響，於2009年削減股息（股息殖利率下調）。

　　MPW有10,000個左右的病床和其他投資組合。醫療保健房地產的組成部分有急救醫院（Acute Care Hospital）、長期急症護理醫院（LTAC）和住院康復醫院（Inpatient Rehab Hospitals）。其他相關設備有專業護理設施（Skilled Nursing Facilities）、門診康復醫院（Outpatient Rehab Hospitals）和家庭健康護理（Home Health Care）等。

MPW擁有58間急診醫院、23間長期急性護理醫院，並提供31個住院康復中心。MPW的承租人收入有43％來自醫療保險（Medicare），45％來自私人付費（Private Pay），12％來自醫療補助。

和專業護理營運商不同，醫院即使病床沒有住滿，仍然產生豐厚的收入。醫院租賃付款的合約，不能由營運商單方面調整，急性護理租賃需求比率，比專業護理還要高出很多。

圖20　醫療保健產業的股息增長率（DGR）、股價增長率（SGR）和股利比較（2014年12月）

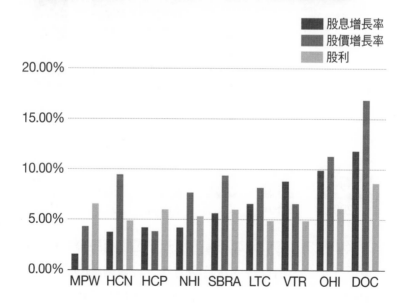

第二個例子是HTA。自2006年成立以來，已成為美國最大的醫療辦公樓和營運商，是唯一專門經營高品質醫療辦公大樓的公司。HTA已投資約3.3億美元，包括264棟大樓，分別位於27個州，大約有14,600,000平方英尺的物業組合。從2009年到2014年，HTA經營的物業從53個成長為295個，它是有計畫地年年增長，基本面非常完善，每年股息的增加可被預期，請參考圖21說明。

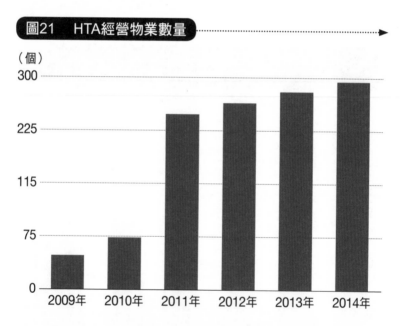

圖21　HTA經營物業數量

又如HCP，它位於加利福尼亞州，是投資股權的房地產投資信託基金，由直接或合營的方式，投資美國的醫療保健相關設施。長遠來看，HCP受益於連年增加的醫療支出，以及人口老化的趨勢。

還有HCN，它主要投資高級住宅社區和醫療保健事業。醫療設施板塊包括專業護理設施、醫療辦公大樓、醫院和急性照護設施等。HCN有連續10年收入和股息增長的紀錄，如果你的投資是以收入為目的，可考慮該公司。

可轉換優先股比傳統優先股有更多的上漲潛力，但如果股價下跌，將會是一個缺點。我們不太擔心股票的未來成長，尤其是HCN現在價格昂貴，可考慮購買優先股HCN.J和優先股HCN.I。

HCN.J是一個傳統的累積優先股，假設你的優先股贖回日期為2017年3月7日，面額為25美元，如果你用26.01美元購買，贖回日只能拿回保證金25美元。目前你有6.2％的利息，扣除贖回日失去的1.01美元，總收益是4.7％。

贖回價格為25美元，所以到期收益率將是4.7％，效益不壞，但我會盡量避免在價格高於贖回價格時買入。而HCN.I則截然不同，這是一個永久累積優先股（另一種優先股，更有利於投資人選擇），HCN.J「累積」的安全功能，已經是很重要的一個優點。

例如，當股價達到74美元時，優先股可轉換為0.846股普通股，這價值比71美元／每股更高。你可以享有更高的優先股權益，並利用價格高漲時轉為普通股，若在此時賣出，將能得到更多利潤。

醫療保健產業有多元化經營

我們推薦經營醫療房地產，而非操作醫療業務的公司。以LTC為例，它成立於1992年5月12日，在馬里蘭州於8月25日開始營運，主要投資高級住宅和長期醫療屬性類型。

例如，到2014年第二季度，LTC公司擁有下列醫療地產，包括54.1％護理照護（Skilled Nursing Facility）、37.7％老年公寓（Assisted Living Facility），以及自立生活機構（Independent Living Facility）等建築物。

另一家公司OHI是操作醫療業務的公司。值得注意的是，其老年公寓的業務是向政府收費，當然會更安全。我們將在2015年購買更多這類個股，下表提供讀者參考。

公司	每股價格（9/4/2015）	股息率	產業
VTR	53.10美元	5.82%	衛生保健
OHI	32.35美元	6.80%	衛生保健
MPW	10.95美元	8.04%	衛生保健
HTA	23.13美元	5.10%	衛生保健
LTC	39.20美元	5.20%	衛生保健
DLR	62.15美元	5.47%	辦公室
CSG	6.63美元	7.69%	辦公室
STAG	17.02美元	8.10%	工業
O	43.38美元	5.26%	零售

在利率上升時，請不要買房地產投資信託基金。如果利率上升，O（NYSE：O）等必將受到影響。**房地產信託基金屬於總回報投資，其回報率的計算方式是價格（房地產）漲幅加上股息（租金收入）。**

從過去20年的經驗來看，利息上升，價格下降是事實。但是房地產投資信託基金的利潤，有2/3從股息而來，若租金上升可以調節，它仍有利可圖。我們預測利息將慢慢上升，也許會有短期波動，長期來看應該還是有投資收益。

從美股賺1億 × 第⑰堂課

如果不想保守等待固定收益股息股分配利潤，又擔心高殖利率類股風險較大，資產利得和股息都穩定成長的總回報類股，會是較適宜的選擇。以房地產信託基金為例，投資符合趨勢走向的醫療保健產業，不必是大地主，也可以享有多元化的租金收入。況且根據美國獨有的法令規定，90%的營收會分配給股東，投資者可享有穩定收益。

出售期權，
利潤比股票配息多5倍

　　從「投資」到「交易」都必須循序漸進。當使用自己的資本時，很少人可以承受連續虧損，一旦進入心理邊際，浮躁、衝動的反應就會出現，控制你的頭腦和行為。

　　根據研究報告，85％以上的人將會一再重複，承受因交易虧損而引發的心理情緒。看到收入在幾秒鐘內消失，我想只有少數人能夠忍受。在投資前我們應該建立起一個觀念，那就是損失金錢只是一小部分，錢可以再賺，最重要的是擁有健康的身心。

　　大多數人都知道，靠投資賺取股息需要資金和時間，除了等待之外，我們需要能加速獲利並減少風險的輔助方法。本書介紹非常簡單的概念，讓每個人都可以使用，並成功地成為優秀的個人交易者，從此，以交易為生（Trading for living）就再也不是夢了。

　　我們的交易方式只要求一個原則，就是將損失的本錢控制在獲得的利潤內。交易沒有祕訣，所有基本面和技術面分析都可以提供參考，非常實用。但是，一旦有所虧損，就會受心理情緒影響，而忽略這些參考指標。

當你獲得300美元的投資股息時，可用200美元投資更多股票，而100美元可以當作交易止損本金。也許你會失去100美元，但因為它來自於獲利，就不會讓你瘋狂失心。

相反地，你還可能贏得400美元。你可以將400美元分成兩部分，用200美元購買更多股票，並以200美元當作止損本金，就有機會贏得800美元。

在此期間，**股息會帶來更多收入，並可將之分配為交易止損本金。**正如你所見，我們非常保守地將「複利」的方式發揮到極致，這就是本書的祕密——「股息渦輪循環複利法」和「盈利再分配法」。

期權遠比股票的交易更安全，我們操作期權多年，可以很容易地獲得平均比股票配息多5倍的利潤。期權分為購買方和出售方，**我們只出售期權而不買進，出售的同時立即獲得溢價。**對於一般投資者來說，它提供了最安全的機會，隨後我們將舉例說明這個方法，希望對讀者有幫助。投資和交易類別，參考如下表。

極端保守				
投資				
結合基本面和技術面				
零存整付	優先股	月付股息	季付股息	期權收入
不需經紀人帳戶季收入	擔保面值月或季收入	使用進場時機月收入	使用進場時機季收入	最安全強大月收入
自動股息再投資	每月或每季股息	每月配息股	每季配息股	收入最高最安全

*每支股票都會在一定的價格停留一段時間，但因為某些原因，例如新產品大賣等，會突出價格水準，快速漲價，這就是所謂的「個股突圍」。

	極端激進
	交易

定位	月波段	週波段	隔日沖	當沖
長期季收入	個股突圍 月收入	使用進場時 機週收入	今天買 明天賣	同一天進入 和退出
可參考週線 圖、日線圖	可參考週線 圖、日線圖	可參考日線 圖、分線圖	可參考日線 圖、分線圖	可參考 日線圖

賣看跌期權，無論漲跌均可獲利

從開始有期權交易以來，賣看跌期權是經紀人都會使用的賺錢方法。大多數人習慣先買進再賣出，但這樣會製造高度風險。相反地，賣了再買，風險會降低許多。以下是賣看跌期權的特點：

①最保守的策略

②減少長期持股實際成本

③不論上漲、持平或小幅下跌，均可獲利

④如保險代理人，保證收取保費（Premium）（不管買家是否把股票賣給我們，已收到保費就是自己的。）

以「超級月收入報酬率」為例，可看出利潤大於股票：

期權合約	風險	期權狀態	結案成本	利潤	報酬率
MSFT	2,689美元	到期	1美元	61美元	2.27%（期權）
MSFT	2,689美元	風險中	2美元	7.67美元	0.29%（持股）

*因為價格每一刻都在變化，即使持有股票，也決定在當天賣出，仍然在價格變化的風險中。

以上利潤來自兩個部分：

①期權：立即獲得信用溢價（保費），每月結算，等於月收入。

②**持股：股票配息，股價上漲。** 從這個例子，我們可以看出，超級月收入策略的利潤為股息的7.96倍（61÷7.67=7.96倍）。

投資股票和賣看跌期權有以下五種結局：

①價錢漲了不少→可賣看跌期權並獲利
②價錢漲了一點→可賣看跌期權並獲利
③價錢保持相同→可賣看跌期權並獲利
④價錢虧了一點→可賣看跌期權並獲利
⑤價錢虧了不少→可賣看跌期權，廉價購股

* 股神巴菲特就是使用廉價購股的方法，購買打折股票。大體上，我們只願意在合約上設定購買低於當前市價的股票。這種方法不只可購買打折股票，在簽約時，買家還會先給我們保費，這是經紀人不想讓你知道的祕密，因為他們一直是賣方。

操作程序：

①賣看跌期權可獲得瞬間利潤（保費）。每月第三個星期五結算，視為合約到期日。
②如購得折扣股票，每個月／季可獲股息。
③賣看漲期權可獲取瞬間利潤。
④賣看跌期權：適合在牛市、羊市（編按：漲跌幅大約10％）執行。
⑤賣看漲期權：適合於熊市執行。

管理方法：

①精心挑選高配息的股票。

②賣看跌期權，不到60秒內即可收取利潤。

③一旦擁有折扣股票，不僅可配息，還能透過賣看漲期
　權獲取利潤。

風險如下：

①如股價下跌低於合約價格，就必須買該股。

②成本是合約價格減去已收到的利潤（保費）。

③股價不斷下跌是我們的風險。

報酬：

①賣看跌期權：可擁有即時利潤（保費）／擔保金。

②擁有廉價股：

　　a.等待月股息或季股息。

　　b.賣看漲期權：可擁有即時利潤（保費）／股價成本
　　　（保費）。每月重複賣看跌期權，以獲得保費，如
　　　此循環。

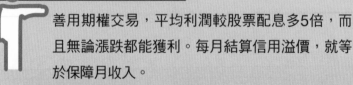

從美股賺1億×第⑱堂課

善用期權交易，平均利潤較股票配息多5倍，而且無論漲跌都能獲利。每月結算信用溢價，就等於保障月收入。

⊃重點整理

賺錢好標的，哪裡找得到？

最適合投資的優先股基金參考標的

基金名稱	代號	收益率
Flaherty & Crumrine Dynamic Preferred and Income Fund, Inc	DFP	8.70%
First Trust Intermediate Duration Preferred & Income Fund	FPF	9.14%
John Hancock Preferred Income Fund II	HPF	8.70%
John Hancock Preferred Income Fund	HPI	8.60%
John Hancock Preferred Income Fund III	HPS	8.80%
Nuveen Quality Preferred Income Fund 3	JHP	8.20%
Nuveen Preferred Income Opportunities Fund	JPC	8.70%
Nuveen Preferred &Income Term Fund	JPI	8.77%
Nuveen Quality Preferred Income Fund 2	JPS	8.30%
Nuveen Quality Preferred Income Fund	JTP	8.40%
Cohen&Steers Limited Duration Preferred&Income Fund	LDP	7.80%
John Hancock Premium Dividend Fund	PDT	8.20%
Cohen & Steers Select Preferred and Income Fund, Inc	PSF	8.00%

5年內17次季度配息，股息成長率高達78%

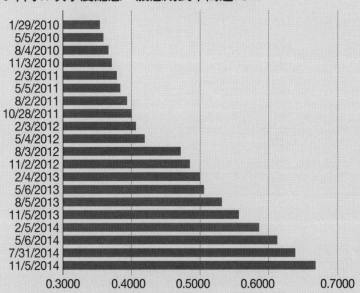

股息成長率最佳的參考標的

代號	價格	收益率	每股每季收益	頻率
BP	41.29美元	5.80%	每季不同	每季（2、5、8、11月）
RY	60.73美元	3.90%	每季不同	每季（1、4、7、10月）
SJR	21.88美元	4.30%	每月不同	每月
VOD	36.68美元	6.40%	每季不同	每季（6、11月）
GSK	42.26美元	5.40%	每季不同	每季（2、5、8、11月）
RCI	35.63美元	4.40%	每季不同	每季（3、6、9、12月）
UL	42.95美元	2.90%	每季不同	每季（3、6、9、12月）

股息增長率呈兩位數成長的參考標的

代號	7年股息增長率%
CBRL	33.33%
BA	24.66%
DE	17.65%
ITW	15.48%
LMT	12.78%
DEO	12.38%
HRS	11.90%
BIP	11.63%
MSFT	11.71%
GD	11.71%
BDX	10.09%

股價和股息都增長的房地產信託基金參考標的

公司名稱	類別	代號	2009年6月開始股價和股息增長率
Ventas Inc.	REITs	VTR	207%
Omega Healthcare Investors	REITs	OHI	254%
W.P. Carey	REITs	WPC	257%
Healthcare Trust of America	REITs	HTA（2012）	200%
Medical Preperties Trust Inc.	REITs	MPW	143%
Ventas, Inc.	REITs	VTR	152%
STAG Industrial	REITs	STAG（2011）	120%

醫療保健產業，每年可領5%以上股利收益率的參考標的

代號	價格	股利	收益率	頻率
DOC	14.06	0.90	6.40%	每季
HCP	35.68	2.26	6.33%	每季
HCN	61.42	3.30	5.37%	每季
HR	22.17	1.20	5.41%	每季
HTA	23.13	1.16	5.10%	每季
LTC	39.20	2.04	5.20%	每季
MPW	10.95	0.88	8.04%	每季
NHI	54.10	3.40	6.28%	每季
OHI	32.35	2.16	6.80%	每季
SBRA	22.66	1.56	7.24%	每季
SNH	15.26	1.56	10.22%	每季
UHT	43.83	2.54	5.84%	每季
VTR	53.10	3.16	5.82%	每季

建議投資的REITs醫療保健相關產業

公司	每股價格 （9/4/2015）	股息率	產業
VTR	53.10美元	5.82%	衛生保健
OHI	32.35美元	6.80%	衛生保健
MPW	10.95美元	8.04%	衛生保健
HTA	23.13美元	5.10%	衛生保健
LTC	39.20美元	5.20%	衛生保健
DLR	62.15美元	5.47%	辦公室
CSG	6.63美元	7.69%	辦公室
STAG	17.02美元	8.10%	工業
O	43.38美元	5.26%	零售

連續25年配息都成長的標的

代號	持續增加 股息年度	價格 （9/4/2015）	股息 收益率	增加 幅度	股息 ／年	5年股息 增長率
T	31	32.56美元	5.77%	2.22%	1.88%	2.40%
SJW	48	27.73美元	2.81%	2.74%	0.78%	2.50%
BMS	32	41.59美元	2.69%	3.85%	1.12%	3.40%
ADM	40	42.90美元	2.61%	26.32%	1.12%	7.90%
MHFI	42	93.18美元	1.41%	7.14%	1.32%	4.90%
TR	49	30.89美元	1.17%	3.00%	0.36%	2.80%

⊃重點整理
跟上趨勢，投資醫療保健產業

1. 二戰時期的嬰兒潮一代，已陸續成為銀髮族。退休人口增多，且平均壽命延長，人口高齡化的趨勢推動醫療保健相關產品（例如醫院、老人安養機構、食品製造業、零售商和製藥公司等）的需求。

2. 醫療保健是一種防禦性投資，與整體經濟走勢的相關性通常較低，值得長期投資。

3. 長期租金比企業盈利更穩定，房地產增值也會為股價提高價格，資產利得和股息會同時成長。

4. 不像傳統實體包租公，還要負責維修和管理，收入更穩定。

5. 只有美國房地產信託基金，每年至少發放90％盈利給投資人。

6. 年配息率大多在5％以上。

05

搭配K線選好股，
讓績效倍增

投資重點在於股息，
而不是股價

　　天有不測風雲，人有旦夕禍福。人活在世間必定會經歷生離死別，時間是唯一良藥，可以慢慢地減緩傷痛，投資風險也是一樣，時間愈長，風險愈少。

　　開始投資時，鎖定固定收益股息股或藍籌個股，就可立於不敗之地。一旦遭遇波動，也不需要太過驚愕，甚至不會陷進挫敗的情緒中，因為我們的**投資策略在於股息而不是股價**。

　　投資前使用安全邊際的公允價值遴選，進場後則利用MACD和STOCHASTIC雙指標評判，然後將股息獲益根據分配規則加碼投資，這種將收益再投資的複利法，就是我們的核心方法。

　　務必遵守一個金科玉律，那就是**本錢只投資於那些擁有穩定配息或配利的標的，用股息再投資多樣化高股息的個股，並且採用本書強調的複利加速法則。**

　　另一方面，專注於受市場波動影響較小的個股，例如三重淨租賃長期收租的房地產投資信託，尤其是醫療保健不動產投資信託等類別，就是我們投資的主要核心。對初學者或

是中階投資者，我們強烈推薦這類型的投資組合。

我們可以雙向削減投資風險：一方面致力於大家都知道的渦輪循環複利加速法，另一方面則挑選最好的行業及個股，兩者同步進行會帶來很大的成效。

我們建議使用分析軟體秋得規則（Chowder Rules）的公式，加上最好的進場時機（由MACD和STOCHASTIC指標）判斷，讓本金投資於風險極低的公司，以達到風險極小化。這個投資方法在第3章和第4章都有詳細說明，現在我們聚焦在討論個股排名公式，以及重新分配再投資方法。

在一般情況下，如果你希望長期持有固定收益股息股和總回報成長類股，至少需要逢低買進6～8次。例如，你預估花費3,200美元，可以利用修正或是回調期，每次購買400美元，並購買8次，耐心等待，你會看到投資產生很好的成長效益。

從美股賺1億×第⑲堂課

本錢只用於投資固定配息的公司，再用股息投資高殖利率類股，並搭配線圖雙指標判斷，才能降低風險，提高獲利率。

判斷線型圖，
找出最佳進場時機

我們將舉例說明，如何才能加速獲利。醫療保健房地產投資信託基金深受青睞，我們選擇投資它們，透過免費的即時圖表網站（http://www.freestockcharts.com）來進行交易。

以下以HCN為例，分別說明如何參照月線圖、週線圖、日線圖和15分鐘分線圖，並透過MACD（平滑異同移動平均線）和STOCHASTICS（KD指標）這兩個指標判斷，提高投資勝率。

當STOCHASTICS低於20，且和MACD同時形成波谷形或V形，就是進場的最佳時機。以下例子將更進一步分析。

代號	每年收益	實際每季收益	代表每月收益
HCN（1股）	3.18美元	0.79美元	0.265美元
HCN（100股）	318.00美元	79.50美元	26.50美元

假設你用月線圖交易，在2009年和2010年之間與2015年開始，都出現入場信號，可看出MACD、STOCHASTICS 與股價形成三合一波谷（同時形成波谷形或V形）的狀態。

圖22　以月線圖觀察進場時機 ┈┈┈┈┈┈┈┈┈┈┈┈┈┈┈┈►

雙指標和股價成V型，即為入場信號；相反可出場。

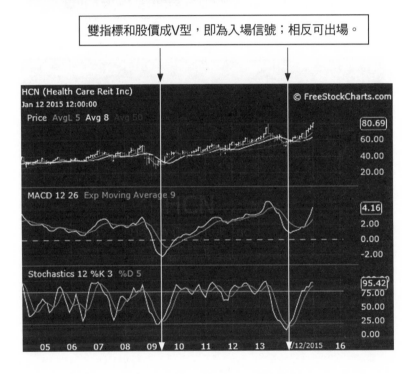

假設你用週線圖交易，2014年可看到入場信號。一樣是
MACD、STOCHASTICS與股價形成三合一波谷。

圖23　以週線圖觀察進場時機 ┄┄┄┄┄┄┄┄┄┄┄┄┄┄▶

雙指標和股價成V型，即為入場信號；相反可出場。

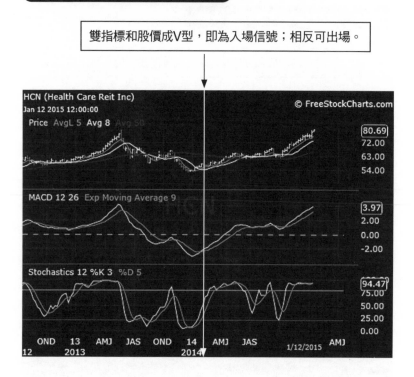

假設你用日線圖交易，2014年10月出現入場信號，同上述由MACD、STOCHASTICS與股價形成三合一波谷。

圖24　以日線圖觀察進場時機

> 雙指標和股價成V型，即為入場信號；相反可出場。

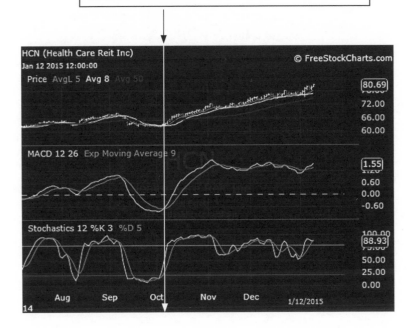

假設你用15分鐘分線圖，在 2015年8月和9月，有兩次
入場信號。

圖25　以15分鐘分線圖觀察進場時機 ‧‧‧‧‧‧‧‧‧‧‧‧‧‧‧‧‧‧‧‧‧‧‧‧‧‧‧‧‧➤

雙指標和股價成V型，即為入場信號；相反可出場。

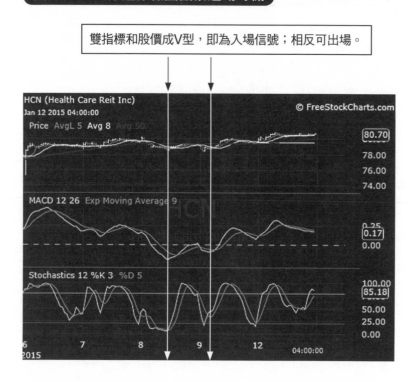

從美股賺1億╳第⑳堂課

當線圖雙指標和股價成V字型狀態，就是最佳進
場時間。

8賣股原則，
提升每月獲利穩定性

以加速器（收益購買最高分紅股票）穩定月收入（開源），關注公司是否削減股息（節流），這對月收入有很大的影響。公司削減股息有很多原因，雖然這是常態，但為了避免降低月收入的穩定性，我們要規範賣股的原則。

①當公司停止付息時，除非有特別原因，馬上賣掉或減少持有量。

②要限制類股，避免易變的類股，如金融、工業、原材料、消費品和科技。在過去10年中，它們大多有削減股息的紀錄。

③投資優質股與S&P 500 BBB+以上信用評級的公司。

④避免購買用秋得規則演算後，會降低總股息回報率的個股。

⑤考慮賣出表現不佳股票，例如在同類股中，過去五年內有兩年表現較其他個股不佳者。

⑥減少購買收益率超過6%的個股。

⑦管理你的資金，並且限量持股。

⑧如果年股息率已經增長四年，達到年平均股息率的兩倍以上（年平均股息率異常升高，不是我們持有成長

股的標準方式。基於過去紀錄分析，價格有可能大幅
下降）。

使用秋得規則的評分規則（http://www.suredividend.
com/the-chowder-rule-explained/），就可輕鬆得到最佳股息
成長股票。其評分規則如下：

- 如果股息收益率≦3%，其5年股利增長率加上股息收
  益率須>15%
- 如果股息收益率≧3%，其5年股利增長率加上股息收
  益率須>12%
- 如果股息收益率≧5%，其5年股利增長率加上股息收
  益率須>8%

秋得規則的評分規則＝5年複合年增長率＋目前年利率
複合年增長率＝〔（最後一年利率／起始年利率）^（1／年數）〕－1

代號	目前年利率	5年複合年增長率	評分
IBM	1.64%	21.821%	23.46%
PG	1.60%	11.871%	13.47%

從美股賺1億╳第㉑堂課

利用秋得規則算出個股的總回報率，若算出的結
果表現不佳，則可以考慮賣股。

3步驟，教你聰明分配投資布局

　　光靠謹慎並不能成功，當每月或每季一次進行投資時，必須根據以下幾點重新評估。**再投資原則就是分配較多給近期表現最好的類股，由趨勢和股票的表現判斷，是否可以增加股息，並不是將股息再投資同一支股票。**這種特殊類型的再投資方法，就是我們著重的重新分配法。

步驟1　觀察歷史紀錄分析

　　因為我們專注於高股息類股，可以使用股息和年複合平均增長率（CAGR）當作評估指引。一定要找到最強市場趨勢，並且順勢而為。

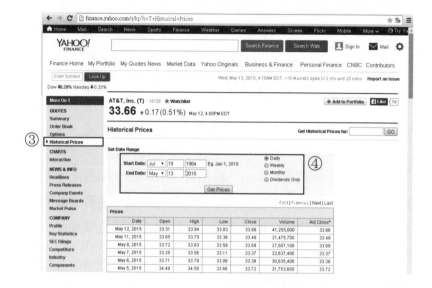

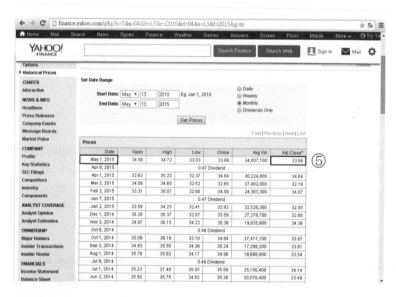

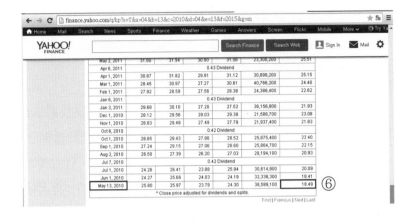

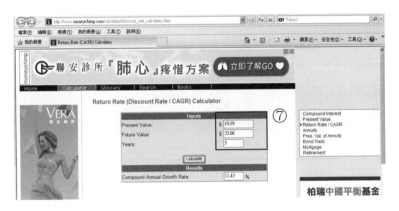

①進入http://finance.yahoo.com的頁面。

②在搜尋的地方輸入公司代號，以AT&T為例。

③點選Historical Prices（歷史股價查詢）。

④設定時間範圍，並點選欲查詢的項目。

⑤假設時間範圍定在2010～2015年，可看出最近（2015年）的收益率。

⑥最遠（2010年）的收益率。

⑦點選http://www.moneychimp.com/calculator/discount_ rate_calculator.htm頁面，將剛剛查詢到的數字填入， 就可以計算出年複合平均增長率（CAGR）。

根據道瓊斯指數，可看出2014年的收益率，以及過去5 年的年平均複合增長率。當我們再投資且重新分配比重時， 可以只考慮下表中的前幾名：UHN、JPM、V、MSFT、 DIS、MCD、GS、WMT、INTC和IBM。下表整理出透過秋 得評分所計算出的相關資訊。

		秋得評分＝股息率＋5年複合平均增長率			
代號	股息率	5年複合平均增長率	秋得評分	需要評分	高於／低於需要評分
UHN	1.50%	272.68%	274.18%	15%	259.18%
JPM	2.60%	70.63%	73.23%	15%	58.23%
V	0.70%	45.90%	46.60%	15%	31.60%
MSFT	2.70%	16.28%	18.98%	12%	6.98%
DIS	1.10%	20.79%	21.89%	15%	6.89%
MCD	3.50%	14.10%	17.60%	12%	5.60%
GS	1.20%	19.00%	20.20%	15%	5.20%
WMT	2.70%	14.71%	17.41%	15%	2.41%
INTC	3.10%	10.50%	13.60%	12%	1.60%

IBM	3.10%	14.27%	17.37%	15%	2.37%
CVX	4.30%	9.08%	13.38%	12%	1.38%
VZ	4.60%	3.50%	8.10%	8%	0.10%
T	5.20%	2.40%	7.60%	8%	-0.40%
PG	3.30%	8.80%	12.10%	12%	0.10%
HD	2.10%	12.21%	14.31%	15%	-0.69%
TRV	2.50%	11.60%	14.10%	15%	-0.90%
UTX	2.30%	10.31%	12.61%	15%	-2.39%
XOM	3.50%	9.70%	13.20%	15%	-1.80%
NKE	1.00%	10.65%	11.65%	15%	-3.35%
CAT	3.50%	8.41%	11.91%	15%	-3.09%
KO	3.30%	8.10%	1140%	15%	-3.60%
JNJ	3.00%	7.61%	10.61%	15%	-4.39%
MMM	2.60%	4.90%	7.50%	15%	-7.50%
BA	2.60%	4.00%	6.60%	15%	-8.40%
AXP	1.50%	4.47%	5.97%	15%	-9.03%
DD	3.00%	1.67%	4.67%	15%	-10.33%
GE	3.40%	-3.04%	0.36%	12%	-11.64%
PFE	3.30%	-3.46%	-1.60%	12%	-13.60%
CSCO	3.00%	N/A	N/A	12%	N/A
MRK	3.10%	N/A	N/A	12%	N/A

該評估方法重視產業指標。例如，XLB、XLE、XLF、XLI、XLK、XLP、XLU、XLV和XLY（編按：分別是指原物料類股、能源類股、金融類股、工業類股、科技類股、消費類股、公共事業類股、醫療保健類股和非必要消費類股）等。

醫療保健類股XLV（ETF）顯然呈上升趨勢，可以考慮將股息再投資。

圖26　醫療保健類股的產業趨勢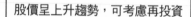

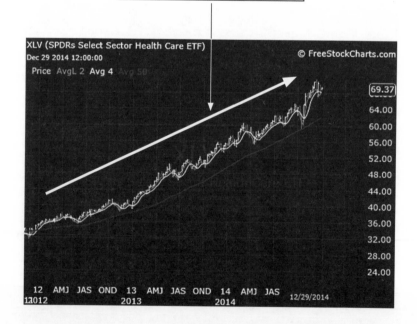

能源類股XLE（ETF）顯然在2014年年底下降很多，應該詳加考慮，或者直到它穩定後再投資。大體上，在投資計畫中，我們對波動性大的股票不感興趣。因此，這些類型的市場波動大，不是我們的重點考慮。

圖27　能源類股的產業趨勢 ⋯⋯⋯⋯⋯⋯⋯⋯⋯⋯⋯⋯⋯➤

起伏較大，應多加觀察，等到較穩定時再投資

用MACD和STOCHASTIC指標，判斷進場的最佳時機，並搭配www.freestockcharts.com圖表，當兩個指標同時下降到20，就是最好的進場時間。

很明顯，HCN通過以上兩個層次的檢驗，雖然它仍不是最好的進場時間。**最好的進場時間，是在MACD和STOCHASTIC指標都低於或接近紅線時**。在這種情形下，我們可以自在地再投資。

圖28　最佳進場時間

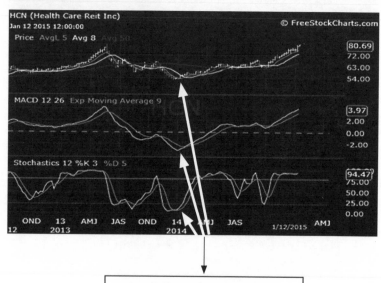

三合一的狀態就是我們的切入點。

從美股賺1億×第㉒堂課

調配投資組合的比重，可透過3步驟，專注於股
息分配表現最好的個股。

投資股息成長股的 3個理由

　　美國在2014年12月17日公布，迄2014年11月為止的12個月，最新的年通貨膨脹率為1.3％，預計2015年的通膨率大約是2％。

　　用消費物價指數（CPI）計算通貨膨脹率，是比較簡單的方法，這是每個月勞工統計局（BLS）調查全國各地上千個品項價格，並依此算出的消費物價指數。

　　收益率和股息增長率有很大的區別，大多數投資都著重於股息增長股，如果投資組合的年平均複合增長率低於通膨率，則投資將失去意義。所以，本書一再提及的重新分配再投資法，是極為重要的概念。

理由1 為什麼股息成長股是良好的長期投資？

　　從長遠的角度來看，最賺錢的股票是股息成長股，S&P500指數的年平均總回報就足以證明。將股息再投資，以複利方式增長，可創造出良性循環。獲得的股息可用來買進更多股票，能獲得更多利潤以便再投資，以此循環。

　　我們無法擔保股息增長空間，因為沒有人能控制自己投資組合的市場價值。但策略確實傾向有利，隨著時間的推

移，財富總額將會上升，它能確保你的股息，並且能克服通貨膨脹。

理由2　**為什麼股息成長股是良好的即時收入？**

如果你已經退休了，是否厭倦了微薄的國債收益率、定存和貨幣基金？以通貨膨脹2％來說，退休後每人每年可獲得4％的債券利息，但時代不同了，現在的政府債券利息為2.5％，也就是你必須用本金來支撐生活。

依賴美國國債和長期定存的時代，已經過去了。退休後的收入問題，已經成為每個國家都擔心的議題。

股息成長股的好處很明顯，它們提供比一般固定收入來源更多的收入，因為股票收益會隨時間成長，你的消費能力不僅能夠跟上通貨膨脹的速度，更能超越它。

最好的股息成長股從來沒有停止過配息，即使遇到金融危機或市場崩盤，還是能夠提高股息。美國有400多家企業經歷1929年大蕭條，仍然提高了股息。

這是因為配息獨立，它和股票市場無關，所以股價本身起落不是我們的重點。我們投資並關心的是超級優秀的股息成長股，當然股價股息成長股都是我們的最佳選項。

理由3　**股息成長股如何在心理層面上幫助你？**

許多投資者發現，專注於自己的上升股息，可降低對市場變化的擔心，因為配息不依賴市場行為。這就類似於購買

房子，除了房子的價值會增加，租金也會逐年上漲。

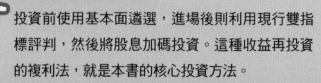

NOTE

06

20年後想爽爽退休，關鍵是強制執行複利法則

讓錢自動為你賺錢，才是王道

　　人生時時刻刻都在選擇。生活上，我們在想要和得到之間找尋平衡點，這是天生的能力，無需學習。事業上則需經歷長期學習，擁有技能只能存活，有產出才能致富和成名。擁有智慧方能快樂，擁有健康才能幸福地享受生活。

　　不為錢工作的生活，是一個較健康的型態，我們應該享受生活，而不是局限在如何生存。只要學習本書強調的觀念，並具備一點開放的心態，你就可以大大方方在自己的名片上寫下——生命真好（Life is good）。

　　我們生活在一切都依賴金錢的環境，童年無憂無慮的快樂與金錢無關，自從認清金錢的魔力後，純粹的快樂就逐漸遠離。人總是困在情、錢、權中辛苦過日子，而錢永遠是權和情之間的交叉路口。

　　在這個星球上的一切求生行為，都是間接賺錢，錢滾錢才是王道。本書希望你能洞察先機並改變，讓你走在他人之前。再者，生活不僅是努力工作或聰明工作，從現在開始，我們應該學習享受生活和工作。在這個專業時代，賺錢的事就交給錢本身，錢就是產品，讓錢為你賺錢，我們就可以集

中精神在工作上，為工作而工作，而不是為錢而工作。

現在是強制執行「複利」的時代。 如果投資1美元，可以得到7%的回報，一年之後，你將有1.07美元。這沒什麼大不了的，但如果讓錢開始為你工作，則額外的0.07美元也會開始為你賺錢。如此自動化操作30年後，每季複利則可以得到8.02美元。

你可能會說「8塊錢，那又怎樣？」姑且想一想，如果你在35歲投資20,000美元，假設不增加投資本金，以7%的回報率成長並經過30年，金額會開始慢慢增長。10年後，你的獲利超過40,000美元，你可能會認為有點意思了。

讓金錢自動成長，不用出力就能成長一倍。再經過20年，這個數字又翻了一倍，達到80,128美元。以10年為單位，股息再投資S&P500指數的總回報率為87%，遠遠超越S&P500股價。

經濟危機不是洪水猛獸，對於早有準備的人來說，危機反而是轉機。例如，股市暴跌時賣空的人就能大賺一筆。暴跌帶來的反彈機會，讓抄底（Bottom fishing，指以某種指標衡量股價來到最低點，在大幅下跌時買進，並預期股價很快會反彈）的人更加暴富。

2008～2009年的房市崩潰，讓很多人用30％～50％的價錢抄底，買入許多優質房產。如果你知道這個事實，那麼應該準備下一個經濟危機。這不是聚寶盆的觀念，因為人人都知道，但很少人抓得到上述機會。市場暴跌會令人害怕，想抓谷底也不是一件容易的事。

聚寶盆的觀念是一步一腳印，不害怕經濟危機或市場波動，只關注配息。聚寶盆是步步為營、平穩漸進，且能逐步承擔風險。讓我們來回顧一下聚寶盆的三根支柱和應該嚴格執行的觀念。

三根支柱：
①本金集中股息股或賣看跌期權
②發展股息成長股
③延伸股價股息成長股

嚴格執行：
本金投資固定收益股息股或賣看跌期權，再將利潤分配到其他項目，也就是一對多複利，可逐月成長，最後才考慮證券交易。

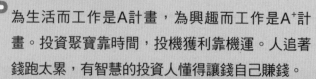

從美股賺1億×第㉔堂課

為生活而工作是A計畫，為興趣而工作是A$^+$計畫。投資聚寶靠時間，投機獲利靠機運。人追著錢跑太累，有智慧的投資人懂得讓錢自己賺錢。

學會聰明投資理財，
比交給經理人賺更多

　　實用的學理才是真學問，為了生活我們大多忙碌不堪，還得經歷一次又一次的煩惱與挫敗。請深入思考，是否讀書就可以成為游泳冠軍？是否看書就會換葉克膜？答案是「難」。

　　自古迄今，幾乎每個國家的資優生都在幫吊車尾的學生打工、而游泳冠軍的教練卻從沒拿過奧運金牌。所以焦點應該放在自己身上，書本的指示僅供參考。

　　成功唯一的祕訣就是不再浪費時間、不再觀望、不再懷疑和等待，去做今生第二個最好的決定（第一個最好的決定，是對另一半說和他結婚是今生最好的決定）。讓我們真誠面對金錢，並認真思考分析。

　　求人不如求己，不能永遠依靠父母，唯一可靠的人就是自己。努力辛勤工作是為了讓生活更有意義，而抵抗經濟通膨通縮，爭取經濟獨立機會，理智投資是唯一的選項。在兼職並創業的情況下，就是蠟燭兩頭燒。

　　買房出租早已成為過去式，最新的作法是投資房地產信託基金，成為業主就能固定收租，而不用自己當老闆參與經

營管理。

然而，人生最大敵人也是自己，難在下定決心。只有親自體驗過後，才會有經驗，且能意識到「投資有風險，不投資有危險」的意思。確實了解投資方法後，務必不假他人之手親自操作，可參考他人看法，但要相信自己的見解，靠自己逐步完成。

投資三步驟：

①**安家**：天有不測之風雲，人有旦夕禍福。人無遠慮，必有近憂。上網自己設定零存整付，將目標鎖定固定收益股息股與藍籌股，就能奠定安家立業的基礎。

②**成立「月收入聚寶盆」投資組合**：輕鬆地從網路上傳下載月收入投資組合，就能每月增加收入。

③**經濟獨立**：如果你有投資激情，有創建事業的欲望，相信交易可以謀生，那就可創業。但是永遠不要忘記，你的交易成本應來自聚寶盆的收益。股神巴菲特也認為投資交易是地球上最好的工作，讓他來生仍希望做同樣的工作。想一想，你的下輩子也想做同樣的工作嗎？

讓我們分析靠交易謀生的管理經營範圍：

①美國股市公平，無論資本額大小，利潤和損失的百分比相同。

②沒有僱員。

③沒有庫存。

④沒有銷售產品。

⑤沒有運輸費。

⑥沒有廣告費用。

⑦沒有帳務。

⑧沒有辦公維護費用。

⑨沒有保險費用。

⑩在任何地方，只要有電腦和網路就可以工作。

⑪能隨時隨地偷懶、放假。

⑫不需要天天報到，取得同意、諮詢或回應其他人。

⑬需要很少的時間。

⑭成本較其他企業少。

⑮自由。

每月賺取股息就像是多一個人幫你每個月賺錢，雖然偶而會生病（股價下跌），但長期來說，保證會賺錢。下跌的股價長期來看會回漲，而只要股息照舊分配，我們就可以放心，比起開公司聘人幫你賺錢，來得更加方便。選人或選股，後者也容易多了。少數人知道能順利退休，關鍵就在於複利。

如果你不相信DIY可以做得更好，如果你認為應該把錢交給專業經理人，很抱歉，本書沒辦法提供幫助。但不要忘了，最重要的是可以合法且自豪地賺錢。只有美國的上市公司必須發放90％的利潤給投資者，別再考慮了，投資美股就對了。

從美股賺1億╳第㉕堂課

如果不放心交給經理人操盤，跟著本書學習正確的投資理財方法，既安心還可以更有彈性。

投資是長期的，千萬別浮躁，你才能勝出

　　人生在世總要為自己、家人和社會做點事，在吃飽喝足後，擁有一項技能或具備一種能力參與工作，讓自己開心，也能為家人服務，還能造福社會，這就算是幸福人生。我希望每個家庭都可以DIY聚寶盆，奠定良好的投資基石。

　　用股票投資來建立財富，不管你現在幾歲，都可以不必再為錢擔心。你應該開始投資美國市場，請千萬記住，用投資獲得的股息再進行交易，而交易需要等待，需要有紮實的訓練，你得有足夠利潤才能冒這個險。

　　投資股票必須有一套遵循和執行的規則，你最好開發自己的方法，或者可以參考本書的兩個步驟：第一，基本面，例如專注於股息股的秋得規則（注意：這不是一般談到的普通股基本面）。第二，技術面使用的指標（MACD 和STOCHASTICS），用前者選擇最好的個股，再用後者確保最佳進場時間。

　　大家都知道投資高配息個股是一個長期戰略，但隨著我們的收益和再平衡戰略，可進一步加快獲利速度和效果。別小看這種小技術，它對整個投資有巨大的影響，而且適用於

各行各業。不論投資金額大小，都可以使用相同的方法。

人人都想做自己喜歡做的事，在這個求人不如求己的世界，投資美國股票是極佳的選擇。它不僅是創業者忠誠的好幫手，還可以縮短為別人工作的時間，讓你提前退休，甚至可依此持家生活。但是任何事情都需要耐心和謹慎，尤其是涉及金錢，千萬不要浮躁，請多做研究、多學習。

投資是長期、必須，人人都能執行的；交易是短期、可有可無、必須經過訓練學習的。不要混淆了，現在就開始規畫，為自己量身打造一個不為錢工作的A$^+$生活。

從美股賺1億 × 第㉖堂課

聚寶盆就是自己的投資組合，裡頭放置的是零成本的股息成長股。將每月股息利潤的一部分放在裡面，就會自動為我們產生1.5倍的利潤。快學會用複利概念為自己賺錢吧。

NOTE

07

從開戶到下單，
Step by Step好簡單

Step 1 進入盈透證券網頁

https://www.interactivebrokers.com/

選取語言。

點選開立帳戶。

Step 2 選擇專業式申請

可在多國進行股票、期權、外匯等商品交易。

如何從美股賺1億

210

| Step 3 | 開設帳戶 |

IB證券會寄驗證信到該信箱。

| Step 4 | 驗證身分 |

輸入驗證碼。

選擇用戶身分。

成功建立帳戶

可列印留存。

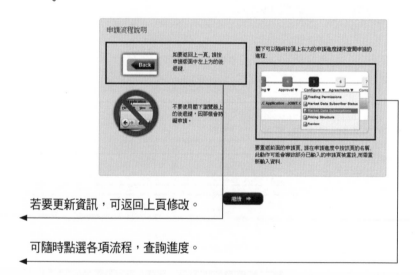

Step 6 查閱進度及修改資料

若要更新資訊，可返回上頁修改。

可隨時點選各項流程，查詢進度。

Step 7 填寫申請資料

申請資料
名稱和地址

請輸入與你銀行結算所顯示完全相同的姓名，如果你在下面輸入的姓名與你的銀行結算單不符，我們在接收電匯轉入時可能遇到問題，或當作的銀行在接收我們的電匯轉出時也可能遇到問題。

稱呼*	先生 ▾
名字*	
中國名稱寫首字母（如不適用，請忽略）	
姓氏*	
字尾 (可選擇)	

住址

受監管機制我們不能更新你在稱為代為翻文地址作為登記的居住地址，所有相關的解除登記代為翻文地址只能登記成為帳戶的過去地址，否則關下的申請將會見延誤。

國家*	台灣(中華民國) ▾
郵區編號*	000
街道#1*	No.1, Sec. 1, Zhongzheng Rd.
住址#2:(例如 座、室、樓 等。)	
城市*	Zhongzheng Dist. Taipei
省	
主要聯絡電話 *	00-0000000 (包括國家和地區號碼) 只輸入象字，不要輸入住何連字號或括號
其做聯絡電話 (可選擇)	(包括國家和地區號碼) 只輸入象字，不要輸入住何連字號或括號
傳真 (可選擇)	(包括國家和地區號碼) 只輸入象字，不要輸入住何連字號或括號

◀ 填寫真實通訊資訊，以便結算。

213

Step 8 設定安全提示

郵寄地址
你的郵遞地址是否與以上提供的地址不同？　　　○是　　●否

安全問題

安全問題 1*	你是在那個城市出生的？ ▾
回答 1*	中正區
安全問題 2*	你上的學校名字叫什麼？ ▾
回答 2*	中正
安全問題 3*	你第一隻寵物的名字叫什麼？ ▾
回答 3*	中正

其他資料

閣下是從何處得知我們的？*　　●廣告
　　　　　　　　　　　　　　○廣告 - 印刷品
　　　　　　　　　　　　　　○廣告 - 電視
　　　　　　　　　　　　　　○廣告 - 手提電話
　　　　　　　　　　　　　　○廣告 - 無線電廣播頻道
　　　　　　　　　　　　　　○郵遞信件
　　　　　　　　　　　　　　經團

對誰人協助開下開立新帳戶*　　自主完成,我自己開通的帳戶 ▾

◀ 返回　　　　　　　儲存並繼續 ➡

◀ 設定3個安全提示，加強保護帳戶。

申請資料	
帳戶持有人資料	
出生日期*	▢▢▢▢▢▢▢ (月/日/年)
婚姻狀況*	▢▢ ▾
供養人數*	1 ▾
國籍*	台灣(中華民國) ▾
性別*	○ 男性　　● 女性
你是否美國永久居民(綠卡持有人)?*	○ 是　　● 否

合法身份證號碼	
如為來美國居民，需提供護照影印本、國家身份證、駕駛執照或僑民身份證(綠卡)，所提交的證明文件必須包括你於下方提供的身份證號碼、照片和申請人的出生日期。	
證件類別*	國民身份證 ▾
簽發國家*	台灣(中華民國) ▾
證件號碼*	▢▢▢▢▢▢▢

就業資料	
受僱類別*	受僱/僱員 ▾

受雇類別會影響開戶和交易品項。

請在下列表中選擇一個或以上的額外收入來源。			
若為聯名戶口，請輸入合併的收入來源。			
若要閱讀我們如何運用全年收入的百分比以及個別收入詳盡的說明，我們將能更快地批准申請。			
收入來源	年收入的百分比(以數字輸入)	說明	
▢ 薪資	0 %	▢▢▢▢▢▢	
▢ 增長	0 %	▢▢▢▢▢▢	
▢ 遺產	0 %	▢▢▢▢▢▢	
▢ 利息	0 %	▢▢▢▢▢▢	
▢ 其他	0 %	▢▢▢▢▢▢	
▢ 不動產	0 %	▢▢▢▢▢▢	
▢ 退金	0 %	▢▢▢▢▢▢	
▢ 離職金	0 %	▢▢▢▢▢▢	
▢ 配偶	0 %	▢▢▢▢▢▢	
▢ Trading & investments	0 %	▢▢▢▢▢▢	
▢ 失業	0 %	▢▢▢▢▢▢	

填寫愈詳細，審核速度愈快。

申請資料	
基礎貨幣	
我們的全球交易平台可供閣下交易以多種貨幣儲存的產品。	
請在下面選擇一檔基本貨幣。基本貨幣適用於：	
• 顯示帳戶結餘上的餘額和賬戶結算	
• 計算盈損金額之	
基礎貨幣*	美元 (USD) ▾

[中 返回]　　　[儲存至程序 ➡]

建議選擇美金為基礎貨幣。

Step 11 填寫W8表格

適用於非美國
公民身分者。

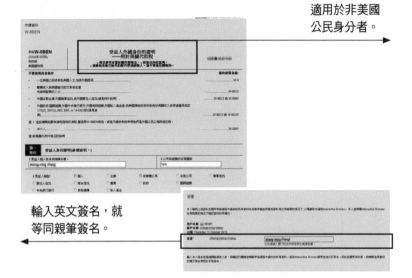

輸入英文簽名，就
等同親筆簽名。

Step 12 點選監管資料並選擇帳戶類型

請考量自己的投資
需求，再做決定。

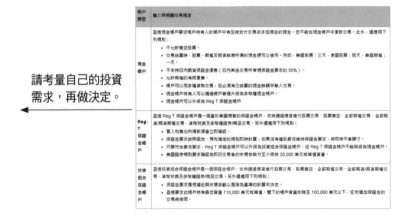

填寫交易申請資料

申請資料
交易資格

步驟一 - 帳戶類別* ❓

　　○ 現金　　　　　　　 ○ Reg T保證金　　　　　　 ○ 投資組合保證金

步驟二 - 資產淨值和淨收入

請在下面提供財務資料，我們的合規部門將根據該資料確定您是否合資格交易現在或將來所選的投資產品。盈透絕不會將您的資料出售給第三方或致電建議您投資。我們的承諾範圍詳見<u>私隱政策</u>。

淨資產值* (不包括主要居所) ❓	▢▢▢ ░▢▢ ▫	USD
流動資產淨值* (現金, 股票, 等等. 不包括退休金帳戶) ❓	▢▢▢ ▫	USD
年淨收入*	▢▢ ▫▢▢ ▫	USD
總資產 *	▢▢▢ ▫▢▢ ▫	USD

步驟三 - 投資目標* ❓

閱讀在下方的選擇將決定能獲准交易的產品。請選取所有的適用選項。

資產保值	☑
收入	☑
增長	☐
交易收益	☐
投機	☐
對沖	☐

申請資料
監管資料

	是	否
帳戶持有人及其居住於同一家庭的任何直系親屬,是否任用為經紀人或證券及商品經紀公司的僱員.董事或所有者? *	○	●
帳戶持有人是否是一個監管或自我監管組織或交易所的成員.僱員.關聯人? *	○	●
帳戶持有者是否曾受到或曾提出與另一間經紀或證銷商有關的訴訟,仲裁或其他任何類型的手端或解決辦法? *	○	●
帳戶持有者是否接受調查或被任何商品及證券交易所、監管機構或自我監管機構起訴? *	○	●
帳戶持有人是否為上市公司的董事.10%股東或決策人? *	○	●

← 返回　　　　　　　　儲存並繼續 →

步驟二和步驟三將決定你能投資的品項。

投資知識水平（經驗）愈高愈好，較容易被准許交易。

Step 14 簽署期貨、一般、保證金協議資料

期貨協議資料。

一般交易協議
資料。

確認無誤後，
勾選接受。

確認無誤後，
勾選同意。

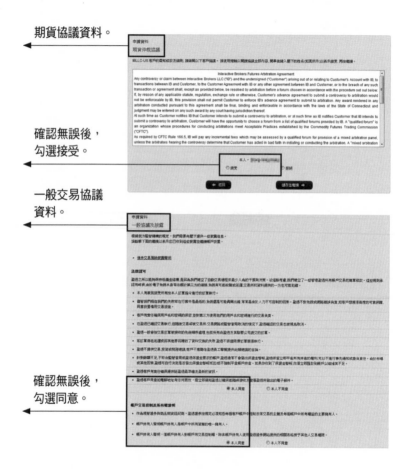

如何從美股賺1億

218

保證金協議資料。

確認無誤後，
勾選同意。

資料確認無誤後，
即可簽名。

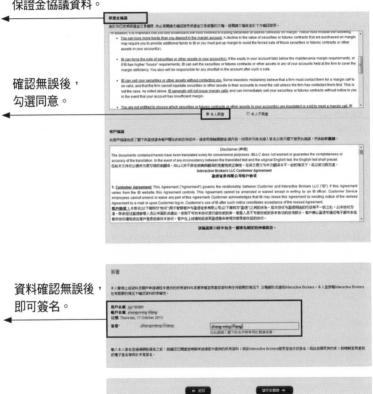

Step 15 檢查申請資料

申請資料
審核

請檢查以下關於閣下帳戶的主要資料. 如果有任何需要修改的地方, 請按上方的申請進程鍵, 然後按相關的連結. 全部資料正確的話, 按此頁底的繼續鍵.

申請資料 編輯

客戶類別	INDIVIDUAL
用戶名稱	
帳戶號碼	
帳戶名稱	
地址	
合法登記的住所	Taiwan (Republic of China)

財務資料 編輯

投資目標	交易收益
淨值	
流動資產淨值	
年淨收入	
總資產	

投資經驗 編輯

	交易年數	每年交易數	知識水平
股票:	2	51 – 100	良好
債券:	1	1 – 10	良好
期權:	> 0	> 0	以上皆無
期貨:	2	11 – 25	廣博的
外匯:	> 0	> 0	以上皆無

檢查上述申請資料明細，若需修正，可返回再修改。

Step 16 上傳證明文件

上傳身分和居住證明。

Step 17 存入最低限度資產

點選幣種和存入方法。

資料來源：
CMoney投資網誌
http://www.cmoney.tw/notes/note-detail.aspx?nid=11560

附錄A
月收入投資組合參考範例

（按2015年9月4日整理）

務必運用安全邊際規則和進場時機指標的零存整付標的

代號	類別	價格	股息	收益率	連續發放紅利年數	頻率
GWW	服務業	218.40	4.68	2.14%	40	每季
WMT	服務業	63.89	1.96	3.02%	37	每季
WRE	金融	23.93	1.20	4.92%	39	每季
WEYS	消費品	27.41	0.80	2.95%	29	每季
T	電信	32.56	1.88	5.77%	31	每季
RRD	發行	15.41	1.04	6.75%	45	每季
JNJ	醫療藥品	91.31	3.00	3.29%	43	每季
UVV	菸草	48.65	2.08	4.28%	26	每季
UBSI	銀行	36.37	1.28	3.52%	26	每季

發放穩定股息標的

代號	類別	價格	股息	收益率	每股每月收益	頻率
IIM	市政債券	15.62	0.84	5.60%	0.070	每月
MVT	市政債券	15.41	1.00	6.60%	0.083	每月
NQU	市政債券	13.53	0.82	6.10%	0.069	每月
AFB	市政債券	13.26	0.79	6.00%	0.066	每月
O	房地產業主	43.38	2.28	5.26%	0.19	每月
UTG	公用事業	27.76	1.82	6.52%	0.151	每月
EAD	封閉式基金	7.77	0.82	10.56%	0.068	每月
PFN	收益基金	9.12	0.96	10.90%	0.080	每月
RCS	收益基金	8.14	0.96	12.00%	0.080	每月

股息增長標的

代號	類別	價格	股息	收益率	頻率
CF	基礎材料	55.48	1.20	2.16%	2、5、8、11月（每月12號）
DOV	工業製品	58.66	1.60	2.86%	2、5、8、11月（每月25號）
MCHP	科技	41.00	1.43	3.49%	2、5、8、11月（每月19號）
EMN	基礎材料	69.53	1.60	2.30%	3、6、9、12月（每月11號）
HCP	衛生保健	35.68	2.26	6.33%	2、5、8、11月（每月5號）
MPW	衛生保健	10.95	0.88	8.04%	3、6、9、12月（每月14號）
SNH	衛生保健	15.26	1.56	10.22%	1、4、7、10月（每月12號）
STON	衛生保健	27.99	2.56	9.28%	2、5、8、11月（每月2號）
LTC	衛生保健	39.20	2.04	5.20%	每月19號
T	電信	32.56	1.88	5.77%	1、4、7、10月（每月8號）

股價和股息都增長標的

代號	類別	價格	股息	收益率	頻率
CF	基礎材料	55.48	6.00	2.16%	2、5、8、11月（每月12號）
DOV	工業製品	58.66	1.60	2.86%	2、5、8、11月（每月25號）
MCHP	科技	41.00	1.43	3.49%	2、5、8、11月（每月19號）
EMN	基礎材料	69.53	1.60	2.30%	3、6、9、12月（每月11號）
LMT	航空／國防	202.62	6.00	2.96%	2、5、8、11月（每月27號）
T	電信	32.56	1.88	5.77%	1、4、7、10月（每月8號）

賣看跌期權

代號	類別	價格	每股息	收益率	季收益	月收益	頻率
DOC	衛生保健	15.74	0.90	6.00%	0.23	0.06	1、4、7、10月（每月15號）
LTC	衛生保健	39.20	2.04	5.20%	0.51	0.17	每月21號
MPW	衛生保健	10.95	0.88	8.04%	0.22	0.07	3、6、9、12月（每月10號）
SNH	衛生保健	15.26	1.56	10.22%	0.39	0.13	1、4、7、10月（每月12號）
STON	衛生保健	27.99	2.56	9.28%	0.64	0.21	2、5、8、11月（每月2號）
GOV	房地產業主	15.43	1.72	11.14%	0.43	0.14	1、4、7、10月（每月24號）

附錄B
DIY購買分紅股票流程圖（保守派）

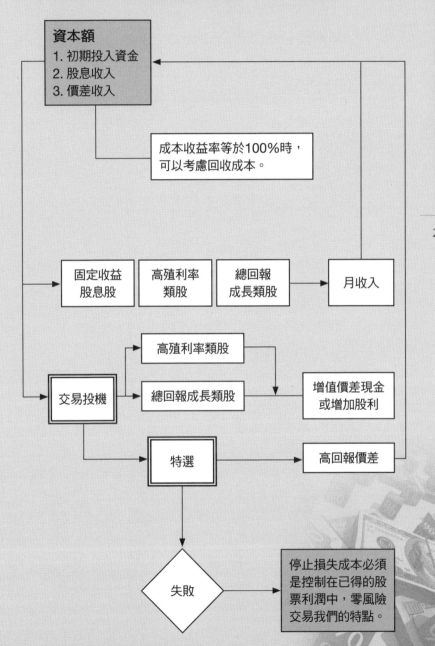

附錄C

DIY賣看跌期權流程圖（穩定派）

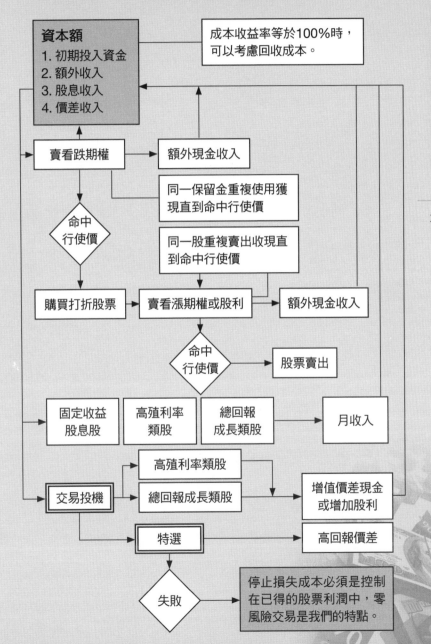

附錄D
DIY股票交易流程圖（激進派）

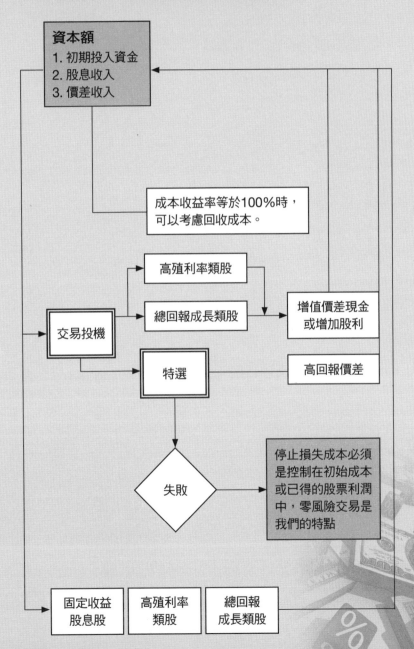

附錄E
投資組合分配參考

● **40歲以下**：股票100％：大盤成長型基金（指資本額大於100億）40％、中小盤成長型基金（指資本額小於20億）25％、大盤價值型基金25％、國際基金（指美國以外的國際股票，例如近期在美國上市的阿里巴巴）10％。

● **40～50歲**：80％股票，20％固定收益。股票部分應該包含大盤成長型基金40％、中小盤成長型基金25％、大盤價值型基金25％、國際基金10％。

● **51～55歲**：股票70％，30％固定收益。股票部分應該包含大盤成長型基金40％、中小盤成長型基金25％、大盤價值型基金10％和國際基金25％。

● **56～60歲**：股票50％，50％固定收益。股票部分應該包含大盤成長型基金40％、中小盤成長型基金10％、大盤價值型基金40％、國際基金10％。

● **61～65歲**：每年減少5％股票及每年增加5％固定收益。股票部分應該包含大盤成長型基金40％、中小盤成長型基金10％、大盤價值型基金40％和10％國際基金。

　　上述的投資組合規畫僅供參考，希望你讀過這本書後，也可以為自己設計出更好的規畫。

實體房租VS.不動產投資信託基金

　　我們用以下幾點，比較擁有實體房屋與買不動產信託基金（REITs）的差異，以美國為例。

實體房屋

優點	①可貸款。 ②可以折舊抵稅金。 ③在低利率的條件下，會有現金回報（Cash-On-Cash Return），高於報酬率，又稱利差。 ④房價增值。 ⑤房客可幫忙支付本金。
缺點	①變現難。 ②實際收益比較少，空屋期間沒有租金收入，而且有維修費。 ③高進入門檻，需要準備頭期款。 ④風險集中。

REITS

優點	①變現容易。 ②收益的90％會分配給投資人。 ③高收益，通常超過5％。 ④受益確定，沒有空屋及維修問題。 ⑤低進入門檻，可從1股買起。 ⑥風險分散，美國REITs規模大。
缺點	①不可貸款。 ②股價漲得慢，因為90％的利潤分給投資人。 ③沒有折舊可抵稅金。

資料來源：Jason Young，加州房地產專家

附錄G
證券經紀人名單

券商	提供股息再投資計畫	提供零頭股
E*TRADE	是	是
EOption	是	否
Fidelity	是	是
Firstrade	是	是
Interactive Brokers	否	是
Just2Trade	是	是
Merrill Edge	是	是
OptionsHouse	是	是
OptionXpress	是	是
Schwab	是	是
Scottrade	是	否
ShareBuilder	是	是
SogoTrade	是	是
TD Ameritrade	是	是
TraderKing	是	是
Vanguard	是	是
Wells Fargo Advisors	是	是

國家圖書館出版品預行編目(CIP)資料

如何從美股賺一億：投資美股、基金、期權一本搞定／吳曉明著.
-- 第三版. -- 新北市：大樂文化有限公司, 2023.10
240面；14.8×21公分. --（優渥叢書 Money；064）

ISBN 978-626-7148-84-6（平裝）
1. 股票投資　2. 投資技術　3. 投資分析
563.53　　　　　　　　　　　　　　　　112015113

Money 064

如何從美股賺一億（暢銷限定版）
投資美股、基金、期權一本搞定！
（原書名：如何從美股賺一億）

作　　者／吳曉明
封面設計／蕭壽佳、蔡育涵
內頁排版／楊思思
責任編輯／林宥彤
主　　編／皮海屏
發行專員／張紜蓁
發行主任／鄭羽希
財務經理／陳碧蘭
發行經理／高世權
總編輯、總經理／蔡連壽

出 版 者／大樂文化有限公司（優渥誌）
　　　　　地址：220 新北市板橋區文化路一段 268 號 18 樓之一
　　　　　電話：(02) 2258-3656
　　　　　傳真：(02) 2258-3660
　　　　　詢問購書相關資訊請洽：2258-3656
　　　　　郵政劃撥帳號／50211045　戶名／大樂文化有限公司

香港發行／豐達出版發行有限公司
地址：香港柴灣永泰道70號柴灣工業城2期1805室
電話：852-2172 6513　傳真：852-2172 4355

法律顧問／第一國際法律事務所余淑杏／柯俊吉律師
印　　刷／韋懋實業有限公司

出版日期／2015 年 11 月 2 日 第一版
　　　　　2023 年 10 月 24日 暢銷限定版
定　　價／300元（缺頁或損毀的書，請寄回更換）
ISBN／978-626-7148-84-6